かける手間が半分に

かおり

困りごと解決！
家事ワザ
262

KADOKAWA

家事の手間は減らせます

毎日忙しいから家事がちゃんとできない、

という方はとても多いと思います。

私自身もかつてはそうでした。

一方で、家の中が汚れていたり

乱雑だったりするとしだいにイライラした気持ちになって、

それが家族にも伝染します。

だったら快適に暮らせるように、

家事のやり方を工夫しようと考え、

時間をかけず、ラクに最大の効果を上げる方法を探求し始め、

それをインスタグラムでお伝えするようになりました。

がんばらなくてもいい方法にたどりつくため、

心がけてきたことがあります。

3 / 調べて学んで 知識を持つ

洗剤の性質など、わからないことがあればメーカーさんに問い合わせをします。正しい情報を伝えるために、整理収納アドバイザー1級とクリンネスト1級の資格もとりました。

1 / 洗剤の力を 最大限生かす

そうじや洗たくで最も大事なのが洗剤選び。洗剤の性質を調べた上で、どの洗剤をどのように使ったら最も汚れが落ちるのか、比較実験をして選んでいます。元理科教員なので、実験は得意。

何種類かの同じ汚れをつけた皿を、違う食器用洗剤で洗う実験。

4 / みんなの困りごと を解決する

インスタグラムにはたくさんの質問をいただきます。そこから多くの人が困っていることが見えてくるので、ちょっとした悩みに対しても、その解決方法を考えてお伝えしています。

ストーリーズでフォロワーさんからの質問に回答。

2 / 使える道具 を選ぶ

洗剤とともに、どんな道具を使うのかも重要。手の届かないところもそうじできるなど、面倒がらずに家事をする助けにもなります。家事がはかどる道具の収納場所も提案しています。

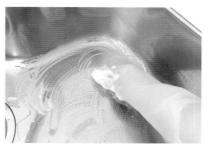

排水口ネットをつけ替えるとき、新しいネットでシンクをさっと洗って。

この本でお伝えしている
家事ワザは、
効果が上がる理由があります

浴室小物の黒ずみには重そう + 食器用洗剤

➡ P17

浴室用洗剤のほうが汚れが落ちそうですが、黒ずみは皮脂汚れの蓄積なので、実はアルカリ性の重そうこそ効果あり。油を落とす食器用洗剤と水も加え、さらに温めることでアルカリ度がアップして、汚れがつるりと落ちる仕組みです。

保存容器のにおいは塩水でとれる

➡ P55

きれいに洗ってもとれない保存容器についた食品のにおいは、水と塩を入れてふればOK。容器の細かい傷に入り込んだにおいの元が、塩水の浸透圧によって引き出されるからです。家にあるものでできて、後始末も簡単な、理にかなった方法。

汚れ防止マステは場所を選んで貼る

OK

NG

→ P23

汚れがたまりやすい場所にあらかじめマスキングテープを貼ってお
く方法が SNS で流行していますが、実際にやってみると、場所に
よってはカビが発生したり粘着跡が残ってしまうことも。検証して
みて、おすすめできるところだけを紹介しています。

縮んだニットはトリートメントで元通り

→ P126

洗ったニットが縮んでしまうのは、
繊維同士がからまってしまうから。
「ジメチコン」という成分を含んだ
ヘアトリートメントを使うと、から
まった繊維がほぐれやすくなります。
あとは手で縮んだ部分をかるく伸ば
せば、ほぼ元の大きさに。

この本の使い方

知りたい家事ワザが
すぐわかる

見出しの色文字部分が、多くの方が悩んでいるそうじ、洗たく、収納の困りごと。自分が知りたいことに、すぐにたどりつけます。

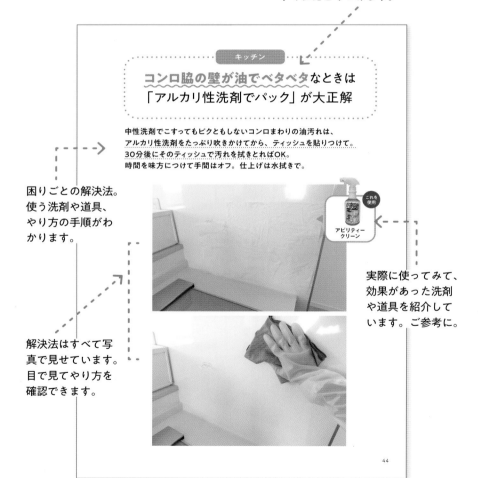

キッチン

コンロ脇の壁が油でベタベタなときは
「アルカリ性洗剤でパック」が大正解

中性洗剤でこすってもビクともしないコンロまわりの油汚れは、
アルカリ性洗剤をたっぷり吹きかけてから、ティッシュを貼りつけて。
30分後にそのティッシュで汚れを拭きとればOK。
時間を味方につけて手間はオフ。仕上げは水拭きで。

これを使用

アビリティークリーン

困りごとの解決法。使う洗剤や道具、やり方の手順がわかります。

実際に使ってみて、効果があった洗剤や道具を紹介しています。ご参考に。

解決法はすべて写真で見せています。目で見てやり方を確認できます。

44

汚れのレベル別の解決法がわかる

そうじや洗たくは、汚れのレベルに合わせた解決法を段階的に示しています。強力な洗剤は、その分素材を傷める可能性があるので、レベルに応じた方法を選んでください。

シンクの排水口の詰まりは段階に応じて湯と専用洗剤で解決！

レベル 1　湯を一気流し

約50℃の湯をシンクにため、一気に流す。熱湯は配管を傷めるのでNG。シンク用のふたがなければ、100均で買えるキッチン用のシリコンぶたを使うとよい。

レベル 2　排水口にパイプ洗浄剤を投入

これも使用　パイプユニッシュプロ

湯を流しただけでは詰まりが解消しない場合は、パイプ専用の洗剤を使って。排水口の周囲に液をかけて流し入れ、15〜30分放置。その後、充分に水を流す。

レベル 3　最後は業務用の専用洗剤　**これで完全解決！**

これも使用

排水口のまわりに洗剤の粉末をかけ、少量の湯とともに排水口に流し込み、15〜30分放置。その後、約50℃の湯を充分流して。これでたいていの排水口がすっきり！

| column |

〜の使用時にはガスが発生するので、必ずマスクとゴム手袋を着用し、〜てください。

38

リスクもしっかりわかる

家庭用の洗剤や道具であっても、使い方を間違うと危険が生じることも。また、素材に傷がついたりコーティングがはげたりするリスクも、お伝えしています。

危険とトラブルの元になる そうじのNG⑧

家庭用のそうじ洗剤は、基本的に低刺激ではあるものの使い方を間違えると、危険が生じるので要注意。そうじ道具を「かける収納」にするときに注意したい点も。

！

有害ガスが発生する

NG❶

塩素系と酸性の洗剤（例えば塩素系漂白剤とクエン酸）を混ぜると塩素ガスが発生する。塩素ガスは人体に危険なので、決して混ぜないこと。洗剤のボトルに「まぜるな危険」の表示があるかどうか必ずチェックを。

破裂の可能性　NG❷

酸素を発生させ、酸素の泡で汚れを浮かせてはがす仕組みの酸素系漂白剤。密閉すると、逃げ場をなくした酸素の圧力で袋や容器が破裂する可能性が。つけおきなどをする際は密閉せずに行って。

！ メラミンスポンジでトースターをこすると、金属部分に傷がついたり、塗装部分がはげたりする恐れが。様子を見ながら行って。　4〔

60

Contents

⌂ 1章 そうじ

2章 洗たく

〈洗たくのきほん〉 洗たく表示の超重要マーク ……………… 112

3 章　収 納

〈収納のきほん〉家事をラクにするためのきほんルール4 ････ 136

4 章 大そうじ

※この本の中で紹介している洗剤やそうじ道具は、商品名を一部省略しているものがあります。
正式な商品名はP191に記載しています。商品名とパッケージは2023年2月時点のものです。

デザイン　河村かおり(yd)
DTP　　　株式会社エストール
校正　　　麦秋アートセンター
編集協力　宇野津暢子
編集　　　原田裕子(KADOKAWA)

インスタで
最も注目された
トピックス
10

私が運営するインスタグラム
「かおり★暮らしの教科書《掃除・収納・洗濯》」の中で、
特にフォロワーさんたちからの反応が熱かった
トピックス10をご紹介。
同じように気になっていた、困っていたという方にお届けします。

スニーカーの黄ばんだゴム部分や
スイッチカバーには漂白剤＋日光

スニーカーはゴム部分に<u>酸素系漂白剤を直接塗って</u>、乾かないように
ラップでパック。夏なら１日、冬なら２日ほど日光に当てれば真っ白に！
スイッチカバーははずして<u>酸素系漂白剤の原液にドボンとつければOK</u>。
白くなったあとにかるく水ですすぐか、漂白剤を拭きとって。

これを
使用

ワイドハイター
EX

 酸素系漂白剤の原液に直接つける場合、密閉するのはNG。靴の場合、酸素系漂白剤を塗るのはゴム部分のみ。
革などにつかないように注意！

ブラックライトで検証してわかった
トイレの汚れ残りポイント

トイレ内に尿の成分に反応するブラックライトを当ててみると
便座裏の内側、便器の外側手前や床との接地部分、壁の下部に汚れが！
壁まで飛んでいることが判明して、フォロワーさんも戦慄。
自分で確かめたい方は、ブラックライトを購入して試してみては。

**紫外線
ブラックライト**
※1,000円前後で購入可能

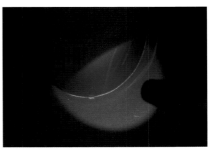

そうじ後の
チェックにも
おすすめ！

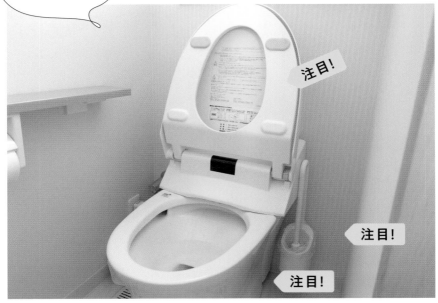

注目！

注目！

注目！

筆を洗うのはペットボトルの中で。
洗面ボウルが汚れない

底をカットしたペットボトルの口を洗面ボウルの排水口に入れ
その中で習字の筆を洗えば洗面ボウルを汚さなくてすむ。
筆先に強い水流を当てると筆が傷むので、手でやさしくもみ洗いして。
ペットボトルにひもをつけ、ふたをして吊るせばそのまま乾かせる。

 ペットボトルの切り口にはケガをしないようにテープを貼って。子どもが自分で洗うときは、筆を排水口に落とさないようにペットボトルの口に排水口ネットをつけると安心！

キッチンで対面したくない**ゴキブリ問題**。
出しっぱなしをやめると効果的なもの

ゴキブリはビールと玉ねぎのにおいが大好き。
ビールの空き缶はよく洗って乾かし、
ゴミ出しまでふたつきのゴミ箱に入れておくのがおすすめ。
玉ねぎは冷蔵庫の野菜室で保存を。

冷蔵庫まわりの
そうじも
G対策に有効！

フロアワイパーの正しい使い方に
目からうろこ。往復させるのはNG

フロアワイパーでそうじをするとき、同じ場所を前後に往復させると
ほこりや汚れがとれず、むしろ広げることに。
ワイパー使いで大事なのは「進む向き」。A の線が常に前に進むように
拭いていくと、ほこりや汚れを効率よくキャッチできる。

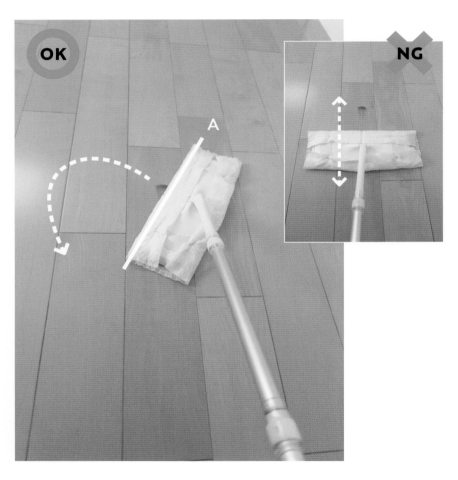

複合的な浴室小物の汚れは
混ぜるだけ重そう洗剤ですっきり！

風呂いすや洗面器の黒ずみは、皮脂汚れや水アカなどが
混ざり合ったもの。これが重そう洗剤でつるんと落ちる！
重そう、食器用洗剤、水を1：1：1で混ぜ、電子レンジで10〜20秒加熱。
スポンジにつけてかるくこするだけでOK。

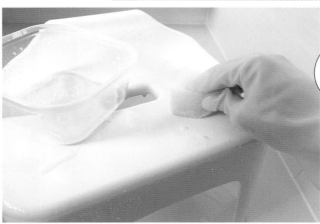

肌が弱い人は
ゴム手袋をして

結露した窓辺の水滴は
スプレー式食器用洗剤で解決

冬場に悩まされる窓の結露。予防策としておすすめなのは、
スプレー式食器用洗剤をシュッと吹きつけたクロスで
結露しやすい部分を拭いておくこと。効果がもつのは約1週間。
寝る前に換気をすることも、翌日の結露を抑えるのに有効。

⚠ 洗剤で結露を予防しても室内の水蒸気量が減るわけではない。結露を抑えるとクローゼット内や北側の部屋で
結露がふえ、カビの原因になることも。寝る前の1分換気で対策を。

クッションフロアの黒ずみには
アルカリ電解水一択！

細かい凹凸部分に皮脂汚れがたまって黒ずみやすいクッションフロア。
この汚れを、かるい力でするっと落とせるのがアルカリ電解水！
定期的に拭きそうじをしている床をアルカリ電解水で拭くと
使用後のクロスが真っ黒になって、効果がよくわかる。

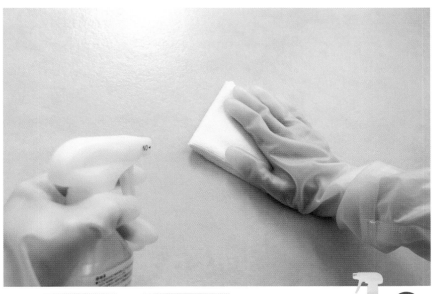

これを
使用

水の【激落ちくん】

⚠️ アルカリ電解水は強めのアルカリ性なので、使うときはゴム手袋をしたほうがよい。
金属の変色や塗装のはげを招く可能性もあるので注意して。

浴室のそうじの順番が重要。
最初に湯で汚れをゆるめる

家族が使ったあとの浴室をたとえていうなら「油ギトギトのフライパン」。
その汚れに水をかけると、皮脂汚れや石けんカスが固まって黒ずみに。
湯をかけて汚れをゆるめる→ブラシでこする→湯で流す
→仕上げに水をかけ、温度を下げてカビ予防、で黒ずみ防止。

マステで汚れ予防は、おすすめの場所と要注意の場所アリ

汚れ予防の目的でマスキングテープを貼るのがおすすめの場所は
ビルトインコンロの周囲や、そうじのしにくい冷蔵庫のパッキン部分など。
一方、水まわりに貼るとカビやすくなるので、こまめな貼り替えが必要。
日当たりがよい場所に貼るのも粘着跡が残りやすいので、注意して。

マステおすすめの場所

冷蔵庫のパッキン部分

コンロ周辺

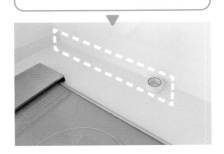

マステ要注意の場所

窓のサッシ

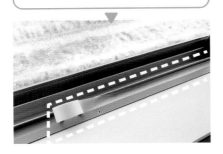

浴室内

ラクにきれい！
編集部も試してみました

これまで見て見ぬふりをしていた家の中の汚れ落としに、
本書で紹介しているやり方で挑戦！ その成果をご覧ください
（詳しいそうじ法は、記載の各ページへ）。

After

Before

キッチン

詳しくは
P58へ

コーヒー色に染まった
プラスチックのドリッパーが
過炭酸ナトリウムで透明に！

Before

注目！

After

サビが出た引き出しレールは
還元系漂白剤で拭くだけで
動きがスムーズに

詳しくは
P37へ

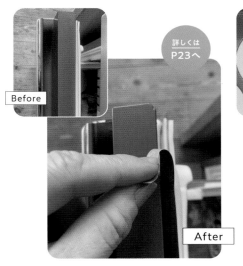

詳しくは
P23へ

Before

After

冷蔵庫の汚れやすい2トップ、
持ち手と引き出しのパッキンは
マステを貼ればそうじいらずに

Before

詳しくは
P42へ

After

IHコンロの焦げは
ラップに重そうをつけて
くるくるすれば即落ち!

Before

詳しくは
P54へ

After

あきらめていた焦げつき鍋。
重そう+湯に2時間の
つけおき+メラスポで復活

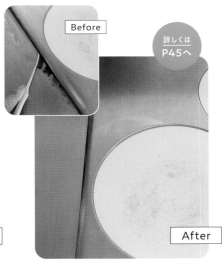

Before

詳しくは
P45へ

After

コンロのコーキング部分は
食器用洗剤+歯ブラシで。
汚れがかき出せて気持ちいい!

After

Before

水アカでくもった洗面器。
透明感はクエン酸パック＋
研磨剤磨きでとり戻せた！

詳しくは
P66へ

詳しくは
P169へ

縦型洗たく機の
ふたの裏側は、
ジェルクリーナーで
たまった汚れを吸着！

汚れを
吸着して
真っ黒に

After

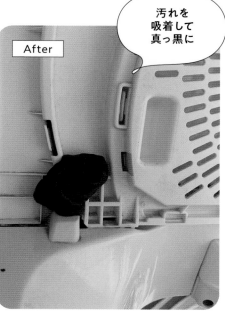

Before

After

Before

そうじ機をかけると
菌をまき散らす心配が。
フロアワイパーそうじに変更

詳しくは
P84へ

Before

After

詳しくは
P91へ

クエン酸シートを常備して、
トイレに入るたびに
ついでの壁拭きならラクラク

After

Before

詳しくは
P14へ

酸素系漂白剤に 2 日つけおき＋
日光に当てれば
スイッチカバーが真っ白に！

窓のサッシのそうじには
平ハケが便利。
ほどよい硬さの
100 均文具を使用

Before

After

詳しくは
P179へ

Before

After

クッションフロアは
アルカリ電解水で拭く。
汚れ落とし効果は抜群！

詳しくは
P21へ

1章

そうじ

気になっていても、手が回らない家の中の汚れ。
時間も手間もかけずに汚れを落とすには
洗剤選びと手順が重要。
検証を重ねた結果、見えてきた
最速できれいにする方法をお伝えします。

「汚れに合わせて選ぶのがポイント」
家の3大汚れ解決
洗剤チャート

ステップ **1**

中性洗剤または
アルコール

商品例

ウタマロ
クリーナー

クイックル
ホームリセット

パストリーゼ77

油
皮脂&手アカ
血液

水アカ
尿
サビ

カビ
ピンクヌメり

ステップ1からスタートして、汚れが落ちないときは2、3と進めて。
汚れを落とす力が強くなる分、変色などのリスクは増す。
3の研磨剤は小さい傷ができて
汚れがたまりやすくなるので、最終手段に。

☑ シンクのリセット

夕食の食器洗い後、1日の終わりに新しい排水口ネットでシンクをかるく磨いて水で流し、そのネットを排水口にセット。手拭き用のタオルで水栓まわりもついでに拭く。

これを
使用

クイックル
ホームリセット

☑ コンロのリセット

コンロまわりがまだ熱い使用直後、汚れが冷えて固まる前に拭くのがコツ。キッチンペーパーに中性洗剤を吹きつけ、汚れを拭きとるだけでOK。熱すぎるときはペーパーにふきんを重ねて拭くとよい。

☑ 排水口のゴミとり

排水口のゴミをとる。
ゴミ受けも食器の1つ
だと思って、食器洗い
のときに一緒に洗って
乾かせば衛生的。

週1
すること

これを
使用

キッチン
泡ハイター

☑ 排水口に漂白剤

排水口のにおいや詰まり
予防のためにも排水口に
は定期的に塩素系漂白剤
をスプレーして。排水口
の穴めがけてたっぷりと。

☑ 家電を拭く

料理をしながら、トース
ターや炊飯器、冷蔵庫、
電子レンジなどを、ぬら
したクロスでさっと拭く
と汚れがたまらない。

シンクのもやもやにクエン酸スプレー。その後クレンザーで磨けばぴかぴかに！

かるい汚れならクリームクレンザーで磨けばすっきり。
がんこな水アカ汚れならクエン酸スプレー後、30分ほどラップでパック。
その後、クレンザーで磨くと輝きが戻る。
洗剤が残らないよう、仕上げに水洗いして。

これを使用

クエン酸
クリーナー　　ジフ

クレンザーで磨くときは、スポンジをラップで巻くのがキモ。クレンザーの研磨剤をスポンジが吸収してしまうのを防げる。

⚠ ステンレスシンクをクレンザーで磨くと傷がつく場合がある。磨く際は目立たない場所で試してから作業して。

食器用洗剤では落ちない水栓の水アカ。クエン酸パック＋メラスポなら落ちる！

水アカが原因でうろこのような汚れがついたシンクの水栓には、
クエン酸スプレーを水栓全体にかけてラップを巻き、30分ほどおく。
その後メラミンスポンジでこすり、仕上げに水拭きすればすっきり！
汚れがひどいときはラップパックの時間を少し延長してみて。

これを
使用

クエン酸
クリーナー

水栓の根元のガンコな水アカは「カード」を使って解決！

とり切れない水栓の根元のがんこな水アカは、不要なカードを斜めに切り、とがった部分で削りとる。パックでゆるめてから削るとより効果的。

注目！

シンクのつなぎ目に発生したカビは
ジェルタイプのカビとり剤で対処

シンクとカウンターのつなぎ目のコーキング部分のカビは
塩素系のカビとり剤でラクラク撃退。
シンクのステンレス部分にカビとり剤がつくと変色しやすいので
つなぎ目に密着するジェルタイプがおすすめ。

これを
使用

ゴムパッキン用
カビキラー

注目！

ジェルタイプのカビとり剤がなければ、
塩素系漂白剤をスプレーしてラップや
ティッシュでパック。塩素系漂白剤な
らステンレスも傷まない。

キッチン

~~シンクにサビがついてしまった~~ときは
まずはクエン酸、からのメラスポで

シンクに落としたヘアピンや鉄鍋のふたを長時間そのままにすると
シンクにサビがついて茶色い跡がとれなくなることが。
クエン酸パックで汚れをゆるめて、メラミンスポンジでこすればOK。
それでもダメなら、最終兵器の還元系タイプの漂白剤で解決!

レベル 1 ## クエン酸パック後にメラスポ

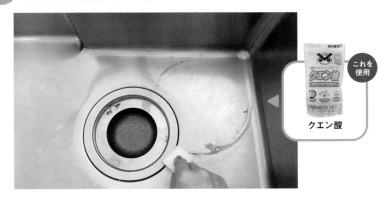

これを
使用

クエン酸

レベル 2 ## 落ちない場合は還元系漂白剤

これを
使用

ハイドロハイター

⚠ 還元系漂白剤「ハイドロハイター」は約60℃の湯で溶かして使用する。アルカリ性で刺激臭があるので
必ずマスクとゴム手袋を着用し、充分に換気をしながら使って。

シンクの排水口の詰まりは段階に応じて湯と専用洗剤で解決！

レベル 1 湯を一気流し

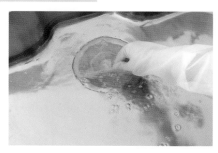

約50℃の湯をシンクにため、一気に流す。熱湯は配管を傷めるのでNG。シンク用のふたがなければ、100均で買えるキッチン用のシリコンぶたを使うとよい。

レベル 2 排水口にパイプ洗浄剤を投入

これを使用

パイプユニッシュプロ

湯を流しただけでは詰まりが解消しない場合は、パイプ専用の洗剤を使って。排水口の周囲に液をかけて流し入れ、15〜30分放置。その後、充分に水を流す。

レベル 3 最後は業務用の専用洗剤

これで完全解決！

これを使用

ピーピースルー F

排水口のまわりに洗剤の粉末をかけ、少量の湯とともに排水口に流し込み、15〜30分放置。その後、約50℃の湯を充分流して。これでたいていの排水口がすっきり！

 ピーピースルーFの使用時にはガスが発生するので、必ずマスクとゴム手袋を着用し、換気扇をまわしてください。

「シンク下がにおう」と思ったら
3つの対処法でにおいシャットアウト

対処法 **1** アルコールで拭く

これを
使用

パストリーゼ 77

中に入っているものを全部出し、シンク下の天地左右すべての面をアルコールで拭く。中に入っていたものも同様によく拭く。これでカビ臭はかなり消える。

対処法 **2** 配管のすき間をパテで埋める

注目!

配管と配管用の穴の間にすき間があると、そこからにおいが上がってくる場合も。市販のすき間用パテで埋める。

対処法 **3** 除湿剤を置き、定期的に開閉

シンク下はにおいがこもりやすいので、アルコール拭きとすき間パテ処理後に除湿剤もセット。扉は定期的に開け閉めして、空気の入れ替えを心がけて。

いやなにおいを放つ生ゴミは
牛乳パック活用で無臭化

生ゴミはゴミ入れではなく、水分をきって飲み終えた牛乳パックに入れ、口を折ると密閉性が高まる。これでにおいをかなりシャットアウトできる。ゴミを入れるために開けたら、そのつど口を折るのがポイント。市販の食パンの袋もにおいがもれにくいので、生ゴミ入れにおすすめ。

市販の食パンの袋は
捨てずに生ゴミ入れに

市販の食パンの袋は、一般的なポリ袋（素材が「ポリエチレン」）よりもにおいを通しにくい「ポリプロピレン」が原料なので、生ゴミ入れとして使って。

キッチンのゴミ箱がにおうときは
酸素系漂白剤でゴミ箱をつけおき

ゴミ箱に酸素系漂白剤＋湯を入れてつけおきすれば
ゴミ箱本体にしみついたにおいがすっきりとれる。
変形予防のため、湯の量はゴミ箱の半分の高さくらいまでに。
小さなゴミ箱なども中に入れて、ついでにつけおきすると一石二鳥。

漂白剤と湯の割合は
「つけおきの場合」
の分量を参考に

これを
使用

ワイドハイター
PRO

IHコンロの汚れは
温かいうちに重そうペーストでオフ

IHコンロ表面の汚れは調理後の温かいうちがとれやすい。
コンロで湯を沸かし、コンロを温めてから行ってもよい。
重そうと水を2：1で混ぜた重そうペーストをコンロの表面に塗り、
ラップでくるくるすれば、すっきりきれいに。

これを
使用

重曹

重そうで落ちないときは
クレンザーで

鍋底の汚れがコンロ表面に付着した場合は、重そうでは落とせない。クリームクレンザーをつけてラップでくるくるすればOK。

 IHコンロをクレンザーでこすると、研磨剤によって天板操作面の文字などが薄くなる可能性がある。
様子を見ながら行って。

油汚れを落とすときに覚えておきたいこと

中性洗剤は「ローリスク・ローリターン」アルカリ性洗剤は「ハイリスク・ハイリターン」

コンロの油汚れやトースター内の焦げつきなど、油を含む汚れを落とすのに大事なのは「高めの温度」（P42 ほか参照）と「時間をおくこと」（P44 ほか参照）。汚れを落とす力がマイルドな中性洗剤でも充分落ちやすくなる。

ただし、がんこな油汚れは温度や時間の力を借りても、中性洗剤や弱アルカリ性の重そうだけでは無理。強アルカリ性洗剤を使ってメラミンスポンジでこすれば落とせることが多いが、そうじした場所の塗装がはげたり変色するリスクがあることも知っておいて。コツコツ汚れを落とす「ローリスク・ローリターン」と、ラクに落ちるが素材を傷めやすい「ハイリスク・ハイリターン」のどちらを選ぶか、場所ごとに自己責任で決めてからそうじを。

リスクと効果のレベル
一目でわかる

本書で使用している洗剤名で紹介します。

低 ← → 高

汚れ落とし力&リスク

クイックルホームリセット
ウタマロクリーナー
除菌ジョイコンパクト
重曹
セスキ炭酸ソーダ
水の【激落ちくん】
アビリティークリーン
オキシクリーンEX

コンロ脇の壁が油でベタベタなときは「アルカリ性洗剤でパック」が大正解

中性洗剤でこすってもビクともしないコンロまわりの油汚れは、
アルカリ性洗剤をたっぷり吹きかけてから、ティッシュを貼りつけて。
30分後にそのティッシュで汚れを拭きとればOK。
時間を味方につけて手間はオフ。仕上げは水拭きで。

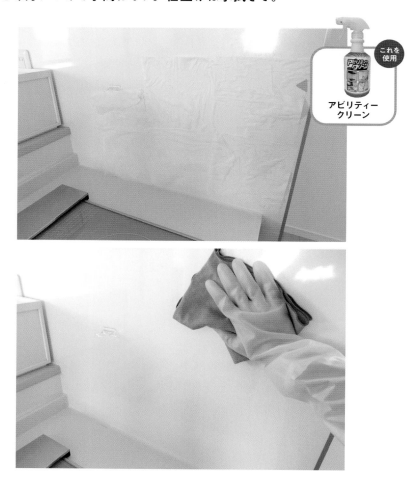

これを使用

アビリティー
クリーン

コーキングの油＋ほこり汚れは
洗剤シュッ、からの歯ブラシ！

コンロ横のコーキング部分の油＋ほこりのがんこな複合汚れは
食器用洗剤をかける→汚れがゆるんだら歯ブラシで1か所に集める→
ペーパーで拭きとる、を繰り返して落とす。
きれいになったらマスキングテープを貼って汚れ予防を。

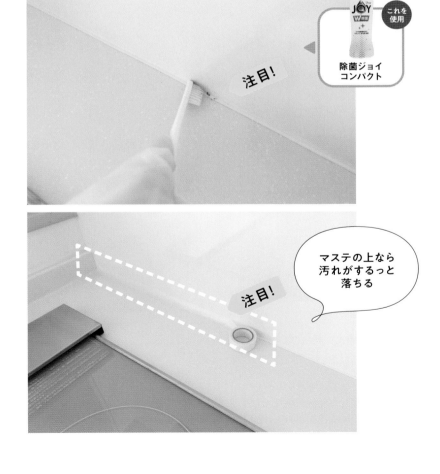

JOY
W除菌

これを
使用

除菌ジョイ
コンパクト

注目！

注目！

マステの上なら
汚れがするっと
落ちる

オーブンレンジ庫内の汚れは
重そう水の蒸気で落とす

まず、水200mℓに重そう大さじ1を入れて5分ほどレンジ加熱する。
庫内に蒸気が充満した状態で15分ほどおき、ぬれたクロスで拭きとって。
汚れたままオーブン機能を使うと汚れが炭化して落ちにくくなるので、
オーブンとして使用する前に必ず汚れを拭きとって。

水に重そうを入れて
レンジ加熱

これを
使用

重曹

ぬれたクロスで
庫内を拭く

焦げつきはアルカリ性洗剤で
パック後にメラスポでこすって

焦げつきがひどい場合はカードなどで焦げを削り落とし
たあと、アルカリ性洗剤をかけてラップでパックする。
少しおいてからメラミンスポンジでこすり落とす。

⚠ アルカリ性洗剤を使うと変色のリスクがある。目立たないところで試してから使用して。

家電

炊飯器の汚れは食器用洗剤を含ませたあつあつふきんで拭けばさっぱり!

炊飯器にこびりついたでんぷん汚れは温めるととれやすいので
食器用洗剤をしみ込ませたクロスを電子レンジで加熱し、
熱くして拭きとる。仕上げに水拭きをして洗剤分を落とす。
炊飯器からはずせるパーツは食器用洗剤で丸洗いを。

これを
使用

除菌ジョイ
コンパクト

炊飯器の裏側の吸気口と排気口のほこりとりも忘れずに

炊飯器で見落としがちなのが吸気口と排気口のほこり。
そうじ機に細いノズルをつけて、たまったほこりを吸い
とればOK。

注目!

<u>トースターの汚れ</u>はパンくずや焦げを除いてから重そうペースト＋メラスポ

洗剤を使うと水分を含むパンくずなどの固形の汚れは、先に除いておく。
こびりついた汚れを、斜めに切った不要のカードでかきとってから
「重そう＋水」の重そうペーストをメラミンスポンジにつけてこする。
仕上げに水拭きをすれば、年季の入ったトースターも新品同様に。

これを
使用

重曹

重曹

⚠ メラミンスポンジでトースターをこすると、金属部分に傷がついたり、塗装部分がはげたりする恐れが。様子を見ながら行って。

家 電

電気ケトル内の白い水アカには クエン酸が効く。放置してすすぐだけ

電気ケトル内につく白い斑点状の汚れはカビではなくカルキ。
カルキをとるにはクエン酸が効果的。水を満水ラインまで入れ、
クエン酸大さじ１を投入して沸騰させ、そのまま2時間ほど放置する。
あとは水でよくすすげば、内側がピカピカに。

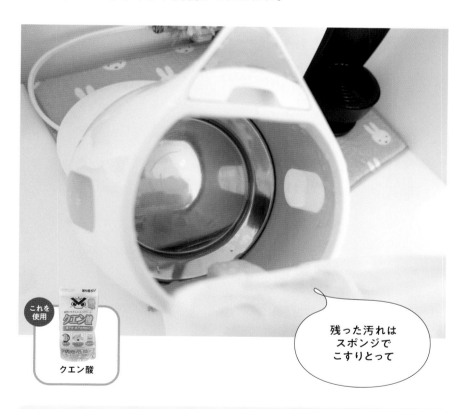

これを
使用

クエン酸

残った汚れは
スポンジで
こすりとって

電気じゃないやかんも カルキはクエン酸でオフ

やかんの内側のカルキ汚れにもクエン酸が効く。
分量は水１ℓに対しクエン酸大さじ１ほど。10
分間沸騰させたら湯を捨て、水でよくすすいで。

冷蔵庫の汚れは
場所別にベストな方法にして効率アップ

「冷蔵庫内」「冷蔵庫の上」「冷蔵庫の下」の3つに分け、
それぞれにベストな洗剤と道具を使うと最短、最速できれいに。
1か所ずつ、料理の合間の「ながら」そうじで清潔をキープ。

冷蔵庫内　アルコールで拭く

食品が多い庫内のそうじは、食品にも使えるアルコールで拭くのが安心。物が少ないタイミングに、空いたエリアをさっと拭いて。

これを
使用

パストリーゼ 77

冷蔵庫の下

すき間ワイパーで
ほこりとり

注目!

100均などにも売っているすき間用ワイパーなら、狭い冷蔵庫下にも入る。ゴキブリの温床になりがちな場所なので、常にきれいに。

冷蔵庫の上

アルカリ電解水で拭く

これを使用

水の【激落ちくん】

冷蔵庫の上は油とほこりの複合汚れでベタベタになりやすい。アルカリ電解水をスプレーしたペーパーで拭けばさらさらに。

注目!

野菜室を
汚さないための
予防ワザ

野菜の土などが野菜室の底に落ちるとカビの原因に。野菜室に紙袋をセットし、野菜はその中に保存。紙袋はときどき交換して。

食洗機についた水アカやヌメリは
クエン酸だけですっきり落ちる!

クエン酸大さじ3を食洗機に入れて強めのモードで回すだけで
食洗機そうじはOK。乾燥前に食洗機を止め、庫内がぬれている間に
中の水分をふきんで拭きとると、ゆるんだ汚れがするっと落ちる。
はずせるパーツはクエン酸そうじ後に食器用洗剤で丸洗いすれば完璧。

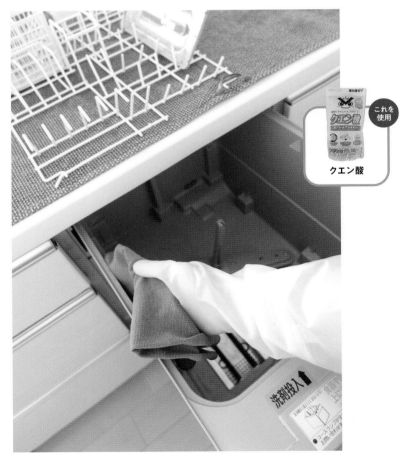

これを
使用

クエン酸

⚠ 食洗機のそうじ前にクエン酸が使える機種かどうか、取扱説明書を読んで確認を。また、食洗機専用ではない
食器用洗剤が1滴でも入ると故障の原因になるので、注意して。

白くもやもやなステンレス鍋は クエン酸の力でピカピカに戻る

鍋に水1ℓに対しクエン酸大さじ2を入れて沸騰させ、
火を止めて冷ましてから、スポンジでこすればするっととれる。
落ちにくい場合はメラミンスポンジでこすって。
沸かした湯で鍋の側面も磨けば、鍋全体が新品の輝きに。

これを
使用

クエン酸

⚠ メラミンスポンジでこすると鍋の表面に細かい傷がつくことがあるので注意して。

フライパンの裏の焦げつきには
重そうパックからのメラスポで

焦げつきで茶色く変色したフライパンの裏側に
重そうと水を2：1で混ぜた重そうペーストを塗り、ラップでパック。
15分ほどおいて、汚れが浮いてきたらメラミンスポンジでこすって。
落ちた汚れをペーパーで拭きとってから、水洗いすれば完了。

これを
使用

重曹

時間がたった焦げつきでも
落とせる洗剤はこれ！

がんこな焦げつきをどうしても落としたいときの最終手段は、強力洗剤の「油汚れ落としジェル119」。これを塗ってメラスポでこすれば、たいていの汚れは落ちる。

⚠ 15分ほどおいても汚れが落ちないときは2時間ほどおいてもよいが、変色の可能性があるので様子をみながら行って。メラミンスポンジでこすると、フライパン裏の金属部分に細かい傷がつくことも。様子を見ながら行って。

キッチン小物

プラスチックの保存容器のにおいは「塩を入れてフリフリ」でとれる

においをとってくれるのはなんと塩。塩ひとつまみと水を容器の高さの1/3程度まで入れ、ふたをしてよくふるとにおいがとれる。

においは傷に入り込むので、日ごろから柔らかいスポンジを使って洗い、容器に傷がつかないように気をつけるのもにおい対策に効果がある。

においの元が浸透圧によって引き出される！

フリフリ後は水洗いしてよく乾かして

シリコンスプーンについたにおいは
塩かクレンザーで落とす！

シリコンスプーンなど、シリコン素材のものについた食べもののにおいは
塩ひとつまみを入れた塩水につけておけばとれる。
それでもとれない場合はクレンザーでこすり洗いして。
目に見えない傷に入り込んだにおいの元が、研磨剤でかき出される。

**塩水に
つける**

**とれなければ
クレンザー**

これを
使用

ジフ

油でぬるぬるの空きびんは
アルカリ電解水ですっきり

「びんは洗ってからゴミ出し」がルールの地域に住んでいる方に朗報。
空きびんの中にアルカリ電解水をひと吹きしてよくふると、
油が乳化してサラサラになる。食器用洗剤も足して再度びんをふれば、
あとは湯ですすぐだけで落ちる。洗うストレスがかるくなる。

これを
使用

水の【激落ちくん】

色が変わったら
食器用洗剤を
投入！

この方法は
ぬるぬる弁当箱
にもおすすめ

これを
使用

除菌ジョイ
コンパクト

水筒や急須の内部についた茶渋は 過炭酸ナトリウムでまるごとリセット

水筒、急須やカップについた茶渋汚れには、過炭酸ナトリウムが最適。
水筒などに湯1ℓに対して小さじ1の割合になるように過炭酸ナトリウムを入れ、
湯も加えて30分つけおき。はずせるパーツも同様にボウルでつけおきを。
その後、スポンジで軽く洗えばきれいに落ちてピカピカに。

これを
使用

過炭酸
ソーダ

⚠ 水筒の外側の塗装がはがれる恐れがあるので、水筒本体ごとボウルにつけるのはNG。

シンクにスポンジが多すぎる悩みには 1個をフル活用で対応

食器用スポンジは水筒用など用途別に揃えず、1個のみでOK。
柄つきスポンジの柄でスポンジをはさめば水筒も洗える。
食器用スポンジは、使って1か月たったらキッチンの排水口そうじ用→
浴室の排水口そうじ用、とおろしていくのがおすすめ。

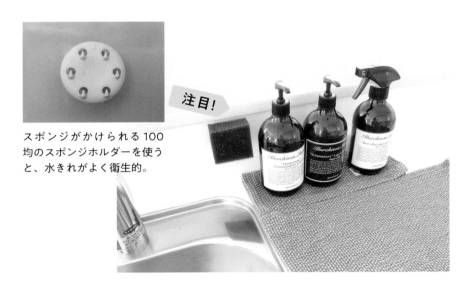

注目!

スポンジがかけられる100
均のスポンジホルダーを使う
と、水きれがよく衛生的。

油汚れはヘラでかきとり、焦げつ
きは専用シートで磨いてからスポ
ンジを使うと、スポンジが汚れに
くい。

危険とトラブルの元になる
そうじのNG⑧

家庭用のそうじ洗剤は、基本的に低刺激ではあるものの
使い方を間違えると、危険が生じるので要注意。
そうじ道具を「かける収納」にするときに注意したい点も。

有害ガスが発生する

NG①

塩素系と酸性の洗剤（例えば塩素系漂白剤とクエン酸）を混ぜると塩素ガスが発生する。塩素ガスは人体に危険なので、決して混ぜないこと。洗剤のボトルに「まぜるな危険」の表示があるかどうか必ずチェックを。

破裂の可能性

NG②

酸素を発生させ、酸素の泡で汚れを浮かせてはがす仕組みの酸素系漂白剤。密閉すると、逃げ場をなくした酸素の圧力で袋や容器が破裂する可能性が。つけおきなどをする際は密閉せずに行って。

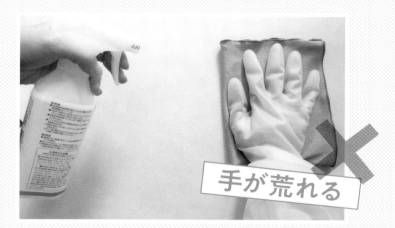

手が荒れる

NG 3 アルカリ電解水は塩水を電気分解することにより生成される
強アルカリ性の水。長時間触れていると肌荒れを起こす可能
性があるので、使用するときはゴム手袋やメガネをつけて。

塗装がはげる

NG 4 浴室の扉や窓の樹脂素材に強いアルカリ性洗剤を使うと、変
色したり樹脂の塗装がはげる場合も。中性洗剤か弱アルカリ
性洗剤を使って。

跡が残る

NG 5 プラスチック素材に直接吸盤をつけると、経年劣化で色が変わり、吸盤をつけた部分だけがまわりと違う色に。プラスチック素材には吸盤をつけないのが無難。

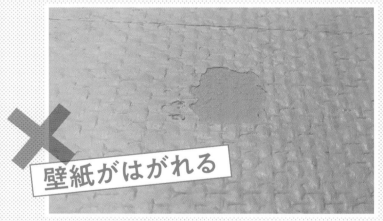

壁紙がはがれる

NG 6 壁紙に粘着フックのシールを直接貼ると、フックをとる際に壁紙がはがれてしまうことも。壁にマスキングテープを貼ってからシールを貼るようにすると、壁紙を傷めなくてすむ。

細かい傷がつく

NG 7 研磨作用の強いメラミンスポンジでキッチンカウンターやトイレの便座裏をこすると小さい傷ができて、そこに汚れがたまりやすくなる。メラスポはどうしても汚れが落ちないときだけ、最小限の使用に。

コーティングがはがれる

NG 8 最近は「洗面所の鏡にくもり止め」や「ベランダに防水」など、素材にコーティングしてあるものが多い。コーティングありの場合、鏡にクエン酸を使わない、ベランダそうじに硬いブラシを使わない、トイレの便器や浴室の床に酸性やアルカリ性の洗剤を使わないようにする。取扱説明書も参考に。

浴槽と床を洗う

まず熱い湯を流して皮脂の汚れを落とし、柔らかいポリプロピレン製のバスブラシで浴槽と床をこすり洗いする。汚れが目立つ部分にはブラシに浴室用中性洗剤をつけてこすり、湯で流したあとに水をかけて温度を下げる。

これを
使用

**ユニット
バスボンくん**

**バスマジックリン
除菌・抗菌**

排水口のゴミはそのまま
放置せず、お風呂から上
がるときにティッシュで
とる。排水口の受け皿を
ゴミがとりやすいものに
交換するとかなりラクに！

排水口のゴミをとる

週1
すること

☑ ドア、壁、鏡、水栓を磨く

週1回は浴槽と床以外の場所もブラシに浴室用中性洗剤をつけてお湯でこすり洗いを。そうじ箇所は主にドア、壁、鏡、水栓など。

これを
使用

バスマジックリン
除菌・抗菌

☑ 排水口に塩素系漂白剤

排水口のにおいやカビ、詰まり予防のために、浴室の排水口に定期的に塩素系漂白剤をスプレーして。キッチン用を流用してOK。ラベルに記載された放置時間のあとはしっかり水で流す。

これを
使用

キッチン
泡ハイター

☑ 鏡の水けをきる

鏡についた水アカを放置すると、うろこ汚れが蓄積する。週1回水きりワイパーで水けをきればかなりの予防効果。

浴室のがんこな水アカは
クエン酸パック後の研磨剤で

鏡や水栓がくもっていると、浴室全体が汚れた印象に。
クエン酸をスプレー後、ラップでパックして30分ほど放置し
がんこな水アカをゆるめてから
ラップに研磨剤をつけてくるくるこすればピカピカに。

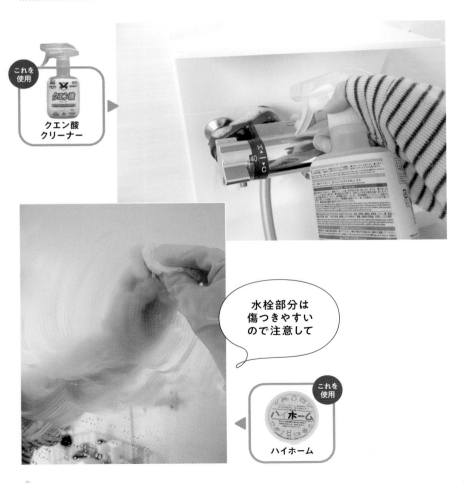

これを
使用
クエン酸
クリーナー

水栓部分は
傷つきやすい
ので注意して

これを
使用
ハイホーム

ハイホーム

⚠ ハイホームはまず目立たない場所で使用して、傷がつかないかを確かめてから使って。

浴室

浴室にはびこるピンク汚れは要注意！
カビとり剤で根絶させて

汚れの正体は酵母菌の一種「ロドトルラ」。黒カビのエサになる。
簡単にとれるが、実は菌自体はなかなか死滅しない。
色素沈着しやすく、コーキング部に入り込むとピンク色が落ちないので
気づいたら早めにカビとり剤を吹きつけて死滅させて！

これを
使用

カビキラー

コーキングの黒カビをとるコツは
カビ取り剤をしっかり密着させること

コーキングに入り込んだカビをとるときは、洗剤が薄まらないように
使う場所を乾いた状態にしてからスタートする。
カビとり剤をつけたらラップでパック。乾かないようにするのがポイント。
約10分おいて洗剤を密着させ、その後ラップをとり、水で流す。

これを
使用

カビキラー

黒い色素がとれない場合は
専用の白いペンで塗っても

カビの菌は死滅しても、漂白しきれなかった黒い色素が
残ることも。その場合は専用の白いペンで塗ってしまう
のが早道。

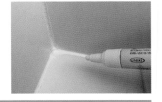

<u>黒ずんだ床</u>はコーティングのありなしで そうじ方法が変わる

コーティングされた床なら、使用できるのは中性洗剤のみ。
酸性洗剤や酸素系漂白剤を使うとコーティングがとれてしまう。
コーティングされていない床なら研磨剤と焦げとり用のスポンジで
ゴシゴシこするのが最強の対策。

コーティングなし

これを
使用

おふろのルック
みがき洗い

コーティングあり

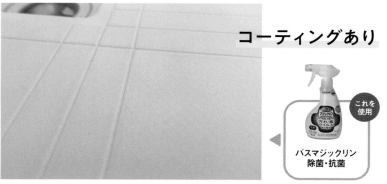

これを
使用

バスマジックリン
除菌・抗菌

コーティング床は
汚れ予防に力を入れて

コーティングされた床には中性洗剤しか使えな
いので、「皮脂汚れが固まらないように湯洗い」
「床の水きり」で汚れ予防を徹底して。

天井のカビは乾いた状態でそうじ。
フロアワイパーでアルコール拭きがラク

一見きれいに見えても、カビの原因が潜んでいることが多い天井。
フロアワイパーにアルコールを吹きつけたドライシートをつければ
天井もスイスイ拭ける。天井が乾いた状態で行うのがポイント。
月1回を目安にするとカビ予防に。

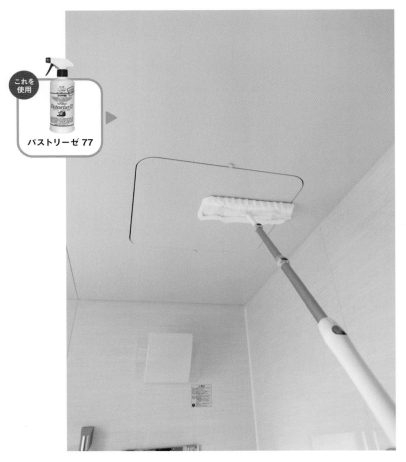

これを
使用

パストリーゼ 77

⚠ 黒カビ対策として使用する防カビくん煙剤は主成分が銀イオン。浴室全体がカビにくくなるメリットがあるが、
金属アレルギーの人は控えたほうがベター。まれに壁材が変色することもあるので注意して。

浴室

浴室天井の換気扇はフィルターを月1回洗って

「ちゃんとそうじしてるのに浴室がカビる」という場合は、
天井の換気扇フィルターのカビが浴室全体に広がっているのかも。
フィルターをはずし、ティッシュなどでほこりをとってから
塩素系漂白剤をかけてブラシで洗う。よく乾かしてから戻して。

これを
使用

キッチン
泡ハイター

フィルターの
カビが広がるので
そうじ機はNG

ヌメリやカビのついた浴室おもちゃ。
酸素系漂白剤につけおき後、陰干しを

除菌しないと実は雑菌だらけの浴室おもちゃ。
酸素系漂白剤につけおきすれば、一気にきれいに。
水でよくすすいだら洗たくネットに入れて陰干しして。
使ったあとは浴室に置きっぱなしにしないようにすると、ヌメリ予防に。

これを
使用

オキシクリーン
EX

！ プラスチック素材のおもちゃは直射日光に当てると劣化するので、干すときは陰干しに。

浴室

汚れたドアレールには
マイナスドライバーを使って

マイナスドライバーの先にウェットティッシュを巻きつけて拭きとる。
ほこりが落ちるので上のレールから始め、下のレールも同様に。
拭きとりきれないほこりはそうじ機で吸いとる。
隅の汚れは中性洗剤でふやかしてからティッシュでオフ。

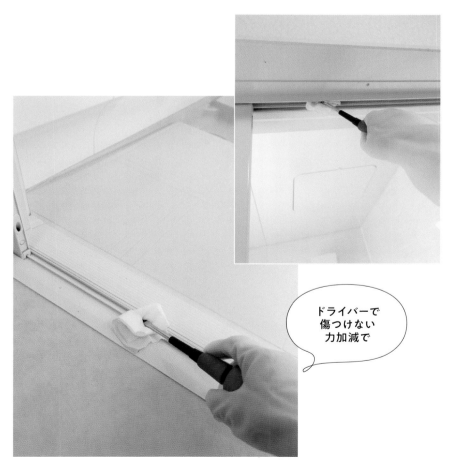

ドライバーで
傷つけない
力加減で

⚠ 浴室ドアの樹脂部分に酸性洗剤や塩素系洗剤をかけると、塗装がはげるので控えて。がんこなカビをとるために
塩素系洗剤を使うときはごく短時間で拭きとること。

菌が住みつく配管内部は
風呂釜用洗浄剤を使えばすっきり

ステップ **1** 浴槽にぬるま湯をためる

湯の量は穴の少し上まで。入浴剤を入れていなければ、残り湯を使ってもよい。

ステップ **2** 風呂釜用洗浄剤を入れる

これを
使用

スクラビングバブル
ジャバ１つ穴用

洗浄剤が１か所に固まらないように浴槽に入れる。湯のほうが汚れ落ちがよいが、熱い湯を入れると追いだき機能が働かないので、最初はぬるま湯に。

ステップ **3** 追いだきする

５分ほど追いだきをする。配管内に洗浄剤が広がり、皮脂汚れや石けんカスをはがしてくれる。

ステップ **4**

浴室小物も浴槽でつけおき

追いだき後、浴槽にいすなどの浴室小物も入れてつけおきし、「ついで洗い」をする。配管が傷まないようにつけおきは最長30分に。

ステップ **5**

排水後、小物をすすぐ

浴槽の湯を落としたら、シャワーで浴室小物をすすぐ。

ステップ **6**

水をためて配管をすすぎ洗い

すすぎは水でOK。水は自動運転ではなくシャワーで、穴の少し上までためる。5分ほど追いだきをして配管をすすぐ。その後排水する。

⚠ 配管洗浄については浴槽メーカーの取扱説明書を参照し、使用できる洗浄剤を確認してください。

ドアに換気口があるなら
ドアも窓も閉めると換気効率アップ

浴室のカビ予防には換気が重要。浴室ドアに換気口があれば、
窓もドアも閉めたほうが換気効率が上がり、浴室が早く乾く。
ドアを開けたままだと洗面所側に湿気が流れ、カビの原因になる。
窓を開けるとホコリや菌の胞子が飛んできて、同様にカビの原因に。

浴室ドアに
換気口がない場合

浴室ドアに換気口がないときは、ドアを5cmほど開けて
換気扇を回し、空気の通り道を作ると効率よく換気がで
きる。

浴室

排水口のにおいは酸素系漂白剤で解消。
ゴシゴシ後、シャワーMAXで流して

においが気になる浴室の排水口には、まず酸素系漂白剤を投入し、
少量の湯を流し込む。排水口にこびりついた汚れがゆるんだところで、
柄つきスポンジの柄に、排水口そうじ用のスポンジをつけてこする。
仕上げに強い水流のシャワーで流せば、汚れもにおいもとれる。

これを
使用

ワイドハイター
PRO

排水口そうじに使う道具は、
洗面所下に収納するのが便利。
スポンジはキッチンの排水口
そうじ用の古くなったものを
おろして使うのがおすすめ。

 **タオルで水栓を拭く、
排水口のゴミをとる**

手洗い後、タオルで手を拭いたら、
そのタオルで水栓金具とその周辺を
拭く。「ついで」でOK。排水口の
ゴミは1日の終わりにティッシュで
とり除き、ゴミを翌日に持ち越さな
いように。

週1
すること

これを
使用

**キッチン
泡ハイター**

☑ **排水口と
オーバーフローに漂白剤**

排水口とオーバーフロー（洗面ボウル上部
の穴）は中でつながっているので、どちら
にも塩素系漂白剤を吹きつけて。数分おい
たら水ですすぐ。

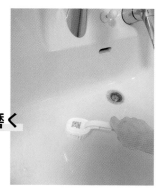

☑ **ブラシで
洗面ボウルを磨く**

ブラシにハンドソープを
つけて洗い、ヌメリをと
り除く。

鏡のかるい汚れはアルコール拭き、がんこな水アカはクエン酸＋研磨！

鏡の汚れは、アルコールをシュッと吹きかけたあとに
乾いたマイクロファイバークロスで拭けばラクに落とせる。
こびりついた水アカは、クエン酸をスプレーしてラップでパック後、
うろことり用スポンジでこすって落とす。

かるい汚れには

これを
使用

パストリーゼ 77

なかなか落ちない水アカは

これを
使用

クエン酸
クリーナー

　⚠　鏡にくもり止め加工がしてある場合は、使用できる洗剤は中性洗剤のみ。

洗面所の排水栓は
受け皿タイプにチェンジ！

排水口の排水栓に髪の毛がからむ、ヌメる、しかも洗いづらい……。
そんな問題を一気に解決する方法は、排水栓を交換すること。
シンプルなステンレス製の受け皿タイプなら、ゴミとりも簡単。
大きさが各種あるので、排水口のサイズを確認してから購入を。

チェンジ！

受け皿タイプだと洗面ボウルに
栓ができない。100均にある
「シリコンぶた」を使うと水が
ためられる。

注目！

洗たく機のカビ予防には
必ずふたや扉を開けておく

カビ予防は乾燥が重要!　洗たく機内がぬれているときは
必ずふた、または扉を開けて内部やパッキン部分を乾かして。
ドラム式の扉は全開にすると重みでゆがみ、修理が必要になることも。
タオルやドラム式洗たく機用ドアストッパーなどをはさみ、半開状態に。

縦型洗たく機の場合　使ってないときは、常にふたを開けて風通しよく。

ドラム式　少しだけ開けておける便利なドアストッパーは100均の商品。

ホースにはラップを巻いてほこりを防止

溝にほこりがたまる洗たく機の排水ホースは、あらかじめラップを巻いておくとそうじの手間が省ける。汚れてもラップを交換するだけで、きれいをキープ。

洗たく機の洗たく槽は
衣類用の塩素系漂白剤で洗うとラク!

酸素系漂白剤の洗たく槽クリーナーは汚れをはがして落とすので
槽洗浄後にはがれた「ピロピロ汚れ」の始末が大変。
衣類用の「塩素系漂白剤」を使えばカビを溶かして流してくれるので
後始末が不要。気軽に槽洗浄ができて、汚れをためなくてすむ。

これを使用

ハイター

塩素系漂白剤使用
の槽洗浄は
月1回のペースで

50ℓの水に対し、衣類用の塩素系漂白剤
200mℓを入れて洗たく機をまわす。

洗たく槽のそうじ後は ほかのパーツも あわせてそうじを

年1回は 効果が最も上がる 専用クリーナーで

黒カビが発生したら、洗たく機メーカーが出している、洗浄力が強い洗たく槽専用クリーナーを使って。におい予防にもなるので、年1回のお手入れとしてもおすすめ。該当するクリーナーは取扱説明書で確認を。

縦型用
クリーナーもあり

これを
使用

ドラム式洗濯機用
洗濯槽クリーナー

毎日すること

☑ ドライシートで床そうじ

トイレに入ったついでにそうじできるように、トイレ内にシートをつけたトイレ用のフロアワイパーを置く。

これを使用

クイックルホームリセット

＊そうじ機は菌をまき散らすことになるので使用を控えて。

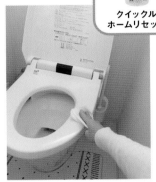

☑ 便座の表と裏を拭く

トイレットペーパーに中性洗剤を吹きつけて拭く。使い捨てのトイレ用シートを使っても◎。除菌のためにアルコールで拭くと、劣化する便座もあるので注意を。

週1すること

☑ ドアノブと床を拭く

中性洗剤をつけたトイレットペーパーかトイレ用シートで拭く。

☑ 便器全体を拭く

トイレ用シートをトイレに流す場合は詰まり防止のために広げてから流して。

☑ 便器内に中性洗剤

コーティングされた便器なら中性洗剤、コーティングされていない便器なら酸性洗剤と塩素系洗剤を隔週で使用。かけて数分おいてから流す。

トイレ

便器の黄ばみと黒ずみは
適した洗剤を塗ってラップパック

便器の黄ばみや黒ずみは時間がたつと中性洗剤では落ちない。
黄ばみには強い酸性洗剤、黒ずみには強い塩素系洗剤を塗り、
3分間ラップでパック。ペーパーでよく拭きとったあと、水拭きをして。
便器内はブラシで洗ったあと、水で流して。

これを使用

黄ばみには

サンポール

黒ずみには

除菌洗浄
トイレハイター

**こびりついた汚れは
こすって落とす**

長期間放置した黄ばみや黒ずみは、洗剤では落とすのがむずかしい。細かい傷がつくのは覚悟の上、耐水ペーパーや軽石でこすり落とす。

 作業をする際はマスクとゴム手袋をつけて、充分に換気をすること。強力な洗剤を使うとコーティングがはがれ、温水洗浄便座が故障する可能性あり。温水洗浄便座のそうじは拭きとる程度で。取扱説明書を読み、慎重に。

トイレマットは拭ける素材を選んで。これで洗たくの手間が省ける

トイレのマットとスリッパは、洗たくが必要な布製より、
はっ水性があって汚れを吸収しない素材を選ぶと衛生的。
これなら使い捨てのトイレ用シートでさっと拭くだけでOK。
便器とマットが接するところは、特に念入りに拭いて。

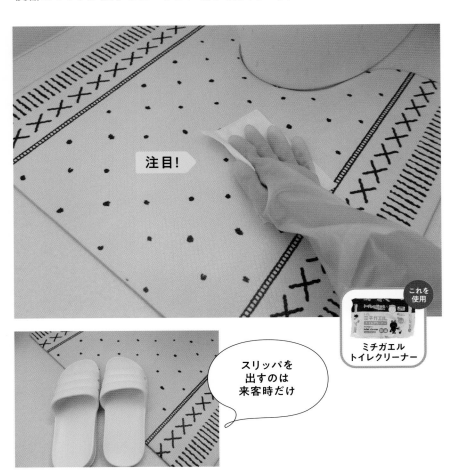

注目！

これを使用

ミチガエル
トイレクリーナー

スリッパを
出すのは
来客時だけ

トイレブラシを清潔に保つには
使用後にアルコールをシュッ!

便器内に目に見える汚れがあれば、ブラシでこすって汚れを落としたい。
ブラシは使用後、よく水けをきってアルコールをかけて消毒する。
ケースには袋をかけ、袋は定期的に交換すれば衛生的。
(ブラシケースの収納についてはP143を参照)

これを
使用

パストリーゼ 77

注目!

ブラシの柄が本体に磁
石でくっつくタイプの
トイレブラシがおすす
め。ブラシが本体から
浮いた状態になり、乾
きやすくなる。

温水洗浄便座のそうじはシートのみで。ノズル穴には専用ブラシを使って

温水洗浄便座は故障しやすいので、取扱説明書にある禁止事項は要確認。
水洗い禁止の場合、そうじは**トイレ用シートで拭く**、にとどめる。
便器から便座部分を浮かせられるタイプは、浮かせた状態でそうじして。
落ちづらい尿石やカビは強い洗剤で無理に落とさず、部品交換で対応を。

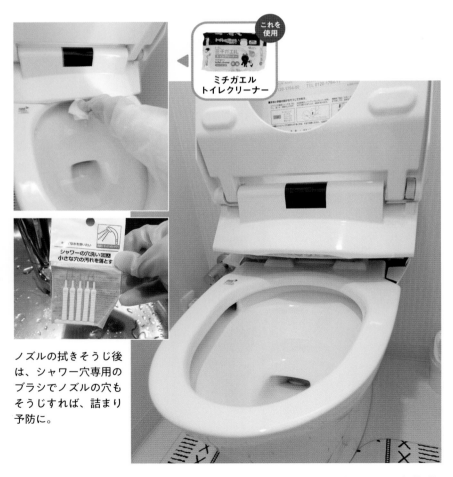

これを使用

ミチガエル トイレクリーナー

ノズルの拭きそうじ後は、シャワー穴専用のブラシでノズルの穴もそうじすれば、詰まり予防に。

⚠️ 使い捨てのトイレ用そうじシートは、トイレに流せるのだが詰まりやすい。トイレに流すのではなくゴミ箱に捨てるのがおすすめ。

トイレ

トイレのタンク内のそうじは タンク用の洗剤を入れて流すだけ！

タンク内は水アカや黒カビが発生し、悪臭の元となる雑菌が繁殖しやすい。
トイレタンク専用の洗剤を入れて水を流すだけなので、月1回はそうじを。
ふたを開ける場合は、水が噴き出さないように止水栓を閉めてから行う。
止水栓の場所や開閉のしかたは製品ごとに違うので、取扱説明書で確認を。

これを
使用

トイレタンクの
洗浄剤

ふたを開ける場合
忘れずに
止水栓を閉めて

「トイレがにおう……」と思ったら次の4つにトライして

すること 1 フィルターのそうじ

脱臭吸い込み口のフィルターにほこりがたまると脱臭機能が低下する。フィルターを引き出し、ブラシなどでほこりをとり除いて。

すること 2 換気扇のそうじ

換気扇のフィルターとその奥のファンにほこりが詰まると、換気ができずにトイレ内ににおいがこもる場合も。定期的にティッシュなどでほこりをとって。

すること **3** 　**床と壁をクエン酸シートで拭く**

トイレ内の床や壁に
尿はねが残っている
と、アンモニア臭が
漂うことも。アンモ
ニアはアルカリ性な
ので、クエン酸シー
トで拭くと中和でき
て、においもとれる。

これを
使用

**クエン酸
シンク・洗面台
おそうじシート**

すること **4** 　**便器と便座の間を拭く**

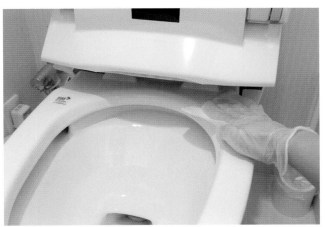

「そうじしているの
になぜかにおいがと
れない」ときは、便
器と温水洗浄便座の
間に汚れがたまって
いる場合も。便座本
体を浮かせて拭きそ
うじをして。

これを
使用

**ミチガエル
トイレクリーナー**

☑ よく使う部屋のそうじ機がけ

室内のほこりは人が動かない夜間に床に落ちるので、朝のうちにそうじ機がけをするのが効率的。

☑ ソファにコロコロ

布製ソファはほこりがつきやすい。1日1回テレビやスマホを見ながら「ついでに」コロコロして。使う粘着式カーペットクリーナーはソファのそばにスタンバイ。

☑ ウェットシート1枚で拭きそうじ

最後は部屋の隅やドアレールの上下など、「汚れだまり」を拭いてシートをポイ！

シートを裏返して、棚の上など、ほこりがたまりやすい高い場所を拭く。

フロアワイパーにウェットシートをつけて床を拭く。

その他の場所

フローリングのベタベタ床には
お湯洗剤が効く

足裏の皮脂などの汚れがついたフローリングの床。
そうじ機をかけるだけでは、ベタベタや黒ずみはついたままでとれないので、
湯2ℓに食器用洗剤小さじ1/2を入れた「お湯洗剤」を作り、
ぞうきんに含ませて拭きそうじを。汚れが落ちて床はサラサラに。

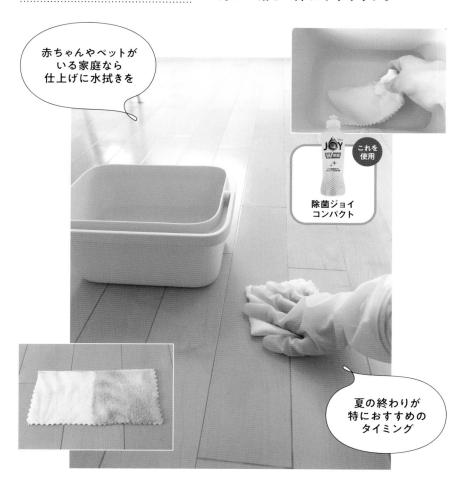

赤ちゃんやペットが
いる家庭なら
仕上げに水拭きを

これを
使用

除菌ジョイ
コンパクト

夏の終わりが
特におすすめの
タイミング

アルコールで白くなった床や家具は
オイル＆メラスポでリカバリー

「ワックス加工の木製家具がアルコールで拭いたところだけ真っ白に」
というときは、ベビーオイルをつけたメラミンスポンジでくるくるすれば
ほかの場所に近い色に戻る。ベビーオイルがなければサラダ油でもOK。
ワックスがけしたフローリング床も同様の方法で、目立たなくなる。

Before

After

注目！

色の違いがまだ目立
つようなら、その場
所だけワックスを塗
り直して。

94

その他の場所

スイッチプレートやドアノブの汚れは「お湯洗剤」+ホットタオルでラクにきれい

使う頻度が高いスイッチのプレートやドアノブは汚れがたまる場所。
食器用洗剤を少量溶かした湯にタオルをつけてかるく絞り、レンジ加熱。
ホカホカのタオルでスイッチプレートやドアノブを拭けば、
汚れが浮き上がって、かるい力でするっと落とせる。

これを
使用

除菌ジョイ
コンパクト

巾木のほこりはハンディワイパーで
スーッとなぞるだけで完了

よく見るとけっこうほこりがたまっていることが多い巾木の上。
ほこりを吸着するもふもふした繊維がついたハンディワイパーの
長く伸ばせるタイプなら、歩きながらスーッと拭けてラクラク。
そうじ機の先に細いノズルをつけて吸いとってもOK。

一度使った「もふもふ」を
すぐ捨てるのはもったいな
い。汚れがひどくなければ、
ついたほこりをそうじ機で
吸いとれば、数回は使える。

これを
使用

クイックル
ハンディ
伸び縮みタイプ

▶ とれない黒ずみがある場合は P181 へ。

その他の場所

畳の汚れは使い捨てのシートで畳の目に沿って拭けばOK！

まずそうじ機をかけてほこりをとる。畳が傷むのが気になる人は
粘着式カーペットクリーナーでコロコロしても。
その後、100均などの畳用のそうじシートで畳の目に沿って拭いて。
畳は水分が大敵なので、晴れて乾燥した日にするのがおすすめ。

これを使用

畳用
おそうじシート

畳の下のほこりはカビやダニの温床。年に1
回はマイナスドライバーなどを使って畳上げ
をして、そうじ機でほこりを吸いとって。

玄関のたたきは基本水まきNG。
中性洗剤+メラスポで汚れを落とす

玄関のタイルやクロスの下は防水ではないことが多いので、
大量に水をまくとシロアリやカビの原因に。
中性洗剤をかけてメラミンスポンジで磨き、ペーパーで拭きとって。
ひどい汚れには少量の水をかけ、ブラシでこすってから拭きとる。

かるい汚れなら

これを使用

ウタマロ
クリーナー

汚れがひどいときは

その他の場所

げた箱がカビくさい?
そんなときはアルコール拭き!

げた箱の中からカビ臭がしてきたら、靴を全部出し、
内側の上下左右をしっかりアルコール拭きしてからよく乾燥させて。
げた箱内にカビを寄せつけないためには、定期的に扉を開けて換気し、
履いた靴はすぐにげた箱内に戻さない、などの予防も大切。

これを
使用

パストリーゼ77

靴はたたきで
乾燥させてから
げた箱へ

キッチンペーパーの「濡（ウェット）＆乾（ドライ）」を 使い分けて、テレビ画面をピカピカに

「油分をよく吸収する」というキッチンペーパーの性質を利用すると、
テレビの液晶画面の手アカそうじが簡単。洗剤いらずでコスパもよし。
まず、半分ぬらして絞ったペーパーのぬれた部分で拭いてから
乾いた半分でから拭きすればすっきりきれいに。

最初に
ぬれている面で
画面を拭いて

注目！

マイクロファイバー クロスもおすすめ

液晶画面拭きにはマイクロファイバークロスを使っても。
水でぬらしたあと、洗たく機で約1分脱水してから使え
ば、拭き跡が残らず、二度拭きしなくてもピカピカに！

 液晶画面をメラミンスポンジでこするのは傷がつくのでNG。ティッシュも細かい傷がつく場合があるので使わ
ないほうがよい。また、アルコール拭きは表面のコーティングがはがれたり、シミになったりするので避ける。

布団のダニ対策のベストアンサーは布団乾燥機で死滅させる！

干しただけ、そうじ機で吸っただけでは解決しないダニ問題。
布団乾燥機を使って高温でダニを死滅させ、
布団用のクリーナーでダニの死がいを吸いとるのが最良の方法。
手間を省きたいなら、市販のダニとりグッズを布団の下に入れておいて。

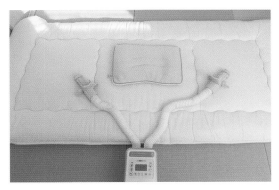

枕も一緒に乾燥

敷き布団に枕を置いて布団乾燥機をセット。この上に掛け布団をのせてスイッチオン。

ダニとりグッズは敷き布団やベッドパッドの下に

これを使用

ダニ捕りロボ

| ダニの繁殖期は毎年6〜8月 | 湿度60%以上、気温25℃以上で爆発的にふえるダニ。ダニ退治のベストシーズンは、夏場にふえたダニの死がいやふんが布団に多くたまる秋！ |

外から侵入する虫対策には
家の意外な盲点をチェック

対策 1 エアコン室外機のホース

注目!

ホースから小さい虫が入ってこないように、先端に排水口ネットをかぶせて。ポリ袋などをぴっちりかぶせてしまうと、ホースから出るヘドロが逆流する可能性がある。ネットをたるませ気味にかぶせ、結束バンドで支柱などに固定する。

対策 2 シンク下の配管まわり

注目!

小さな虫やゴキブリはキッチンや洗面所のシンク下にある配管のすき間から侵入してくることも。専用のすき間パテでふさいでおくと、虫の侵入予防になる。

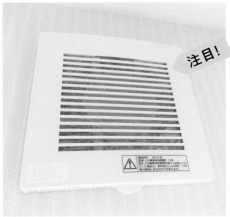

注目！

対策 3 換気口

特にトイレの換気口は屋外に筒抜けな場合が多いので、換気口にフィルターを貼るのも手。ただしフィルターを貼ると換気量が減るので、貼って虫対策をするのと貼らないで換気量をキープするののどちらを優先するかは自己判断で。

対策 4

蛍光灯近くの窓

室内の蛍光灯から紫外線がもれると、夜間、蛍光灯近くの窓に虫が集まり、翌朝「窓の下に大量の虫の死がいが……」ということも。窓に紫外線防止フィルムを貼ると虫が集まるのを予防できる。紫外線発生量が少ないLED電球に替えても。

子どもの学用品は長期休み期間に メンテしておこう!

「学期中は学校に置きっぱなし」ということも多い楽器などの学用品。
洗わないまま使い続けるとにおいが発生したり、カビがはえることも。
夏休みなどの長期休みに持ち帰ってきたタイミングできれいに洗って。
しっかり乾かすことも大事。気持ちよく新学期が迎えられる。

鍵盤ハーモニカの本体

食器用洗剤を少量溶かした湯にタオルをつけてよく絞り、そのタオルで全体を拭いて。アルコールで拭くのはNG。

鍵盤ハーモニカのホース

食器用洗剤を少量溶かした湯に約15分つけおきし、水道の蛇口に近づけてよく水洗いする。ドライヤーの冷風でしっかり乾燥させて。

これを使用

除菌ジョイコンパクト

リコーダー

鍵盤ハーモニカのホースと同様、食器用洗剤を少量溶かした湯に約15分つけおき。よく水洗いしたらドライヤーの冷風を当てて乾燥させて。

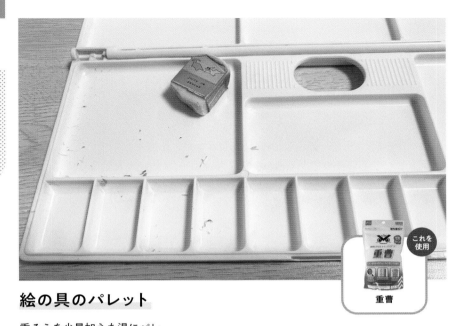

これを
使用

重曹

絵の具のパレット

重そうを少量加えた湯にパレットを約2時間つけおきし、水洗い。パレットに残った色素汚れは、乾いてから消しゴムでこすればきれいにとれる。

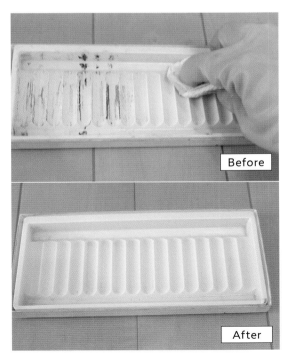

Before

クレヨンのケース

ティッシュにサラダ油をつけて、汚れたケースをくるくる拭けば、クレヨン汚れがみるみる落ちる。仕上げにティッシュでから拭きして。

After

シールがはがれないときは、
ドライヤーでラクにきれいに解決！

貼ってから時間がたって、はがせなくなったシールも
ドライヤーでよく温めてからゆっくりはがせば、きれいにとれる。
シール跡が残ってしまった場合は「再びドライヤーで温める」→
「硬いカードなどで削る」→「アルコールで拭く」で、すっきり！

温度が上がると
粘着力が落ちる
性質を利用！

その他の場所

くっついちゃったスライムを するりととってくれるのはクエン酸

子どもが大好きなスライムが衣類やカーペットについてとれない……。
そんなときはクエン酸少量を湯に溶かし、衣類ならその中にひたし、
カーペットにはクエン酸スプレーをかけると、スライムが溶ける。
酢でも代用できるが、においがつくのでクエン酸のほうがおすすめ。

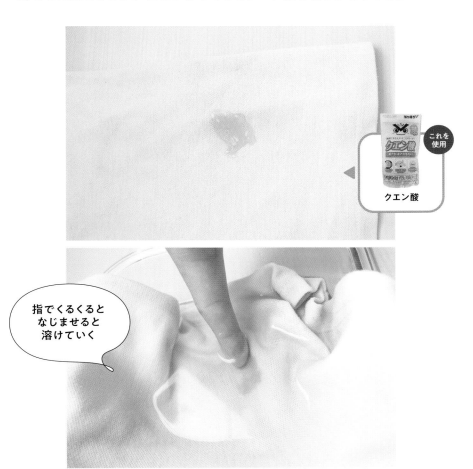

これを
使用

クエン酸

指でくるくると
なじませると
溶けていく

ナチュラル系洗剤の使い分け便利表

自然由来の洗剤は、 洗浄力が弱いというイメージがあるかもしれませんが
家の中の汚れの多くは酸性、 もしくはアルカリ性なので、
反対の性質を持つナチュラル系洗剤を使えば 「中和」 で充分汚れを落とせます。
効果を発揮する使い方を知って、 ぜひ活用を。

油、たんぱく汚れの落ちやすさ	使用方法と使用量 ＊水道水で作った場合は約2週間で使いきる	特徴	
△	**スプレー** 水200mℓに小さじ1	・水アカや石けんカスを落とす ・トイレのアンモニア臭やタバコのにおいを消す	クエン酸
○	**スプレー** 水100mℓに小さじ1 **ペースト** 水:重そうは1:2	・油汚れを落とす ・げた箱のにおいを消す	重そう
◎	**スプレー** 水500mℓに小さじ1 **衣類のつけおき** 水1ℓに小さじ1	・油汚れを落とす力が重そうより強い ・水に溶けやすいので研磨力はない ・スプレーやつけおきに適している	セスキ
◎	**つけおき** 湯1ℓに小さじ1 ＊約40～50℃の湯につけおきするのが効果的	・漂白、除菌、消臭効果がある	過炭酸ナトリウム

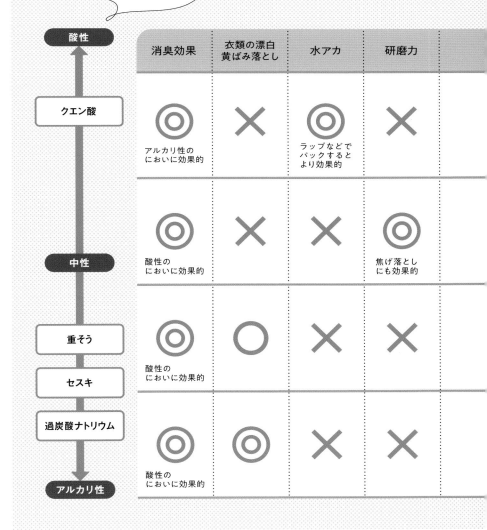

アルカリ度が
強くなるほど
油汚れを落とす
力もアップ↑

	消臭効果	衣類の漂白 黄ばみ落とし	水アカ	研磨力
クエン酸 (酸性)	◎ アルカリ性の においに効果的	✕	◎ ラップなどで パックすると より効果的	✕
(中性)	◎ 酸性の においに効果的	✕	✕	◎ 焦げ落とし にも効果的
重そう / **セスキ**	◎ 酸性の においに効果的	○	✕	✕
過炭酸ナトリウム (アルカリ性)	◎ 酸性の においに効果的	◎	✕	✕

ナチュラル系洗剤の定番
重そう活用法⑥

水を足して

重そう：水＝2：1

研磨力がアップするのでIHコンロ表面の焦げ落としに。ただし力を入れすぎると傷つくので要注意。

汚れにのせて

ほどよい研磨力の重そうはクレンザーとしても優秀。フライパン裏の磨き粉として大活躍。

温めて

重そう＋水をレンジで温めて温度を上げるとアルカリ度がアップ。汚れ落ちがさらによくなる。

ゴミにかけて

生ゴミを入れた牛乳パックに重そうをひとふりしてから口を閉じれば消臭効果がさらに強力に。

食器用洗剤を足して

重そう：水：洗剤＝1：1：1

「汚れを浮かす洗剤」と「研磨して汚れを落とす重そう」がタッグを組んで最強パワーを発揮。

そのままおいて

いやなにおいをキャッチする消臭剤に。1か月くらいして消臭効果が落ちたらそうじに使って。

2章

洗たく

衣類の汚れやシミを効率よく落として
元の色と形を取り戻す方法を紹介します。
衣類についた雑菌をとり除けば、いやなにおいとも無縁です。

「コレさえ覚えれば洗たくの失敗なし!」
洗たく表示の超重要マーク

※洗たく表示（繊維製品品質表示規定）は2016年12月に改正

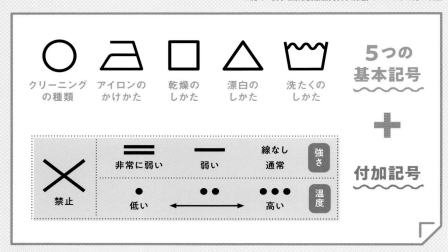

○	⬯	□	△	⬠	**5つの基本記号**
クリーニングの種類	アイロンのかけかた	乾燥のしかた	漂白のしかた	洗たくのしかた	

+

付加記号

	非常に弱い	弱い	線なし通常	**強さ**
✕				
禁止	● 低い	●● ←→	●●● 高い	**温度**

家庭では
洗えない

手洗い

40℃が限度
洗たく機で
洗える

まずは
洗たく表示を
チェック

塩素系と酸素系の
漂白剤の使用禁止

酸素系漂白剤はOK、
塩素系はNG

塩素系と酸素系の
漂白剤が使える

続いて
漂白剤は

 NG
家庭では

低温

 OK
高温

さらに
乾燥機は

112

{ 汚れをしっかり落とすために
知っておきたい3つのこと }

汚れがついたら一刻も早く
（できれば24時間以内に）対処する

シミは時間がたつにつれて
どんどんがんこになって落ちにくくなります。

（1）

汚れに「最初に何をつけるか」
ですべてが決まる

つける洗剤や対処法を間違うと
さらにシミ抜きのハードルが上がります。

（2）

シミをつけたまま
高温乾燥させたらアウト！

乾燥させて熱を加えると染色したのと同じ。
シミがとれなくなります。

（3）

がんこな <u>黄ばみ汚れ</u> は過炭酸ナトリウム ＋50℃の湯に2時間つけおきで真っ白!

界面活性剤が含まれた<u>過炭酸ナトリウムの強力洗剤</u>を
約50℃の湯に溶かしてつけおきして。
色落ちしていないか確認しながら2時間ほどつけ、
それでも黄ばんでいたら、もう少し時間をおいて黄ばみオフ!

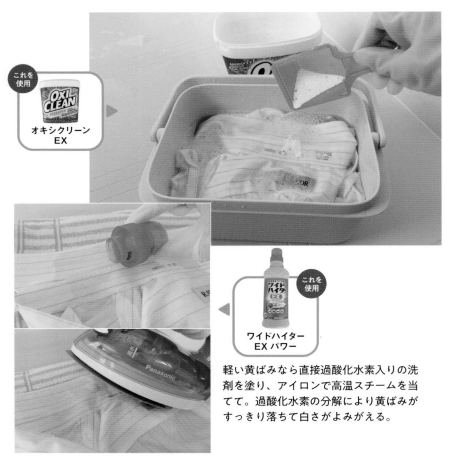

これを
使用
オキシクリーン
EX

これを
使用
ワイドハイター
EX パワー

軽い黄ばみなら直接過酸化水素入りの洗
剤を塗り、アイロンで高温スチームを当
てて。過酸化水素の分解により黄ばみが
すっきり落ちて白さがよみがえる。

⚠ オキシクリーンなどの過炭酸ナトリウムは「約45〜50℃の湯」に一番よく反応する。つけおき時間は2時間程度
が最適で、長時間つけても効果は変わらない。ただし血液汚れは体温以上の湯につけると凝固するので温度に注意。

次のシーズンまでの黄ばみ予防は
酸素系漂白剤＋湯洗いで

「洗ってからしまったのに、久しぶりに出したら黄ばんでた」なんてことも。
黄ばみの原因はたんぱく質汚れ。
その汚れをよく落としてからしまうことが黄ばみ予防になる。
洗たく時、酸素系漂白剤を足した湯で洗えばOK。

これを
使用

アタック
ZERO

ワイドハイター
PRO

液体洗剤

これ

注目！

襟や袖など、黄ばみやすい箇所に
はあらかじめ過酸化水素入り洗剤
を塗ってから洗たく機に入れれば、
よりしっかり黄ばみ予防ができる。

これを
使用

トップ NANOX
シミ用

体操着の泥汚れはたたき落とす、かき出す、水圧で押し出す！

ステップ 1　乾いた状態で泥を「たたき落とす」

衣類をぬらす前に繊維の奥に入り込んだ泥や砂を物理的にたたき落とすのがコツ。手でたたいたりブラシでかき出したりして泥や砂をバンバン落として。

ステップ 2　石けんを塗り込んで「かき出す」

これを使用

ウタマロ石けん

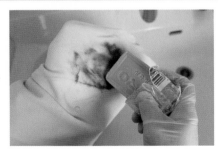

衣類を湯につけ、石けん系洗剤や石けんを塗り込んだらブラシで泥をかき出して。100均の洗たく板の上でゴシゴシすればなおよし。

ステップ 3　汚れをシャワーで「押し出す」

汚れが残る場合は
ステップ2と3を
繰り返して

仕上げにシャワーの湯圧で、浮かび上がった泥汚れを押し出すようにして洗い流す。シャワーヘッドを衣類に当て、勢いよく湯を出すのがコツ。

ファンデーション汚れは
ぬらす前にクレンジングオイルを

衣類にファンデーションの汚れがついたら
乾いた状態でクレンジングオイルをなじませ、
その上から食器用洗剤をかけて湯の中でもみ洗いする。
最初に水でぬらすと汚れがとれなくなるので注意して。

これを
使用

スキンクリア
クレンズ オイル

除菌ジョイ
コンパクト

このやり方はほかに
こんな汚れにも有効

● ファンデのスポンジ
● 口紅　● クレヨン
● 揚げものの油ジミ

しょうゆなどの食べもの系シミは
お湯洗剤で歯ブラシトントンが最強

調味料、飲料などの食べものジミには、温めた食器用洗剤を使って。
食器用洗剤と湯を1:1で混ぜる（重そうを少し足せばより効果的）。
シミのついた衣類の下にタオルを当て、お湯洗剤をつけた
歯ブラシでトントンするとシミがタオルに移って落ちる。

これを
使用

除菌ジョイ
コンパクト

それでも色素が
残るなら
酸素系漂白剤をかけて
少しおいてから
洗たく機へ

このやり方はほかに こんな汚れにも有効	●ジュース　●コーヒー ●紅茶　●ソース　●ケチャップ ●イチゴなどの果物

魔法水の作り方

ある
クリーニング店
が考案

- ●酸素系漂白剤　小さじ3
- ●重そう　小さじ1
- ●食器用洗剤　3滴
をよく混ぜる

……P118の方法でやっても
「しょうゆなどの
食べもの系のシミが
どうしても落ちない！」ときは
「魔法水」の出番！

あつあつの湯気が出ているマグカップの湯の上にシミをかぶせ、魔法水をつけた歯ブラシで何度もトントン。

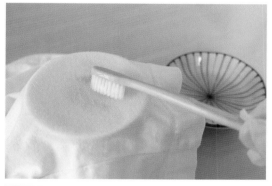

マグカップの中の湯ですすぎながらこれを繰り返せば、がんこなシミがとれる。

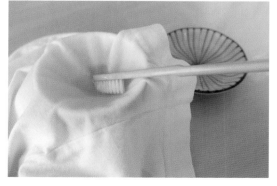

さらに天日干しすれば色素が消える！

カレーやケチャップの汚れは、洗剤で汚れを落としたあとに1〜2日天日干しすれば、色素が紫外線で分解され、より白くなる。

シャツについた**ボールペン汚れ**は アルコールジェルをかけてトントン

シャツのポケットにペン先が出たままのボールペンを差して
シャツに書いてしまったときはアルコールジェルの出番。
下にタオルを敷き、汚れにジェルを2プッシュほどかけて
歯ブラシでかるくたたくとペン跡が消滅。あとはそのまま洗たく機へ。

これを
使用

手ピカ®ジェル

タオルに汚れを
移すイメージで

⚠ 保存性最優先の最新ボールペンは、水性も油性も一度つくと完全にはとれないものも。
時間がたったボールペン跡もとれにくいのでなるべく早く対処して。

鉛筆汚れにはハンドクリーム。 汚れを浮かせてするっと落とす

鉛筆の汚れは、黒鉛の粉が繊維に入り込むと落ちなくなるので、
乾いた状態で汚れにハンドクリームを塗り込み粉を浮かせて。
次に洗たく洗剤をかけ、歯ブラシでこすれば鉛筆跡が消える。
あとは洗たく機に入れて、いつも通り洗たくすれば元通り。

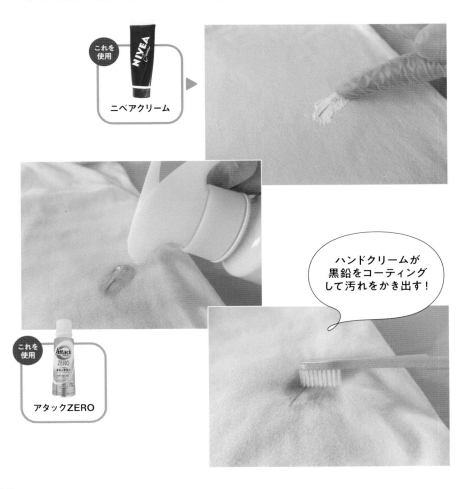

これを使用
ニベアクリーム

これを使用
アタックZERO

ハンドクリームが黒鉛をコーティングして汚れをかき出す！

絵の具の汚れは丸めたごはん粒で引っ張り出してとるのがおすすめ

なかなか落ちない水性絵の具のシミは、まず湯洗いしてから
石けんをつけて歯ブラシでこする。その次の秘密兵器はごはん粒!
5粒程度を丸めておはぎ状にし、汚れにのせて歯ブラシでこすると、
ごはん粒が汚れを吸着し、何度か繰り返すとシミが薄くなる。

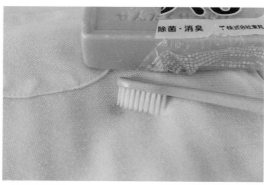

これを
使用

ウタマロ石けん

注目!

こんな汚れにも有効　石けんでゴシゴシ→ごはん粒で汚れを吸着する
方法は、ついてからあまり時間がたっていない
墨汁のシミにも使える。

血液汚れには水かぬるま湯で素早く対応。酸素系漂白剤＋重そうですっきり落ちる

血液に熱めの湯をかけると凝固するので、まずは水で洗い流す。
また、時間がたつと血液は酸化するので対応はなるべく早めに。
下にタオルを敷き、残ったシミの部分に酸素系漂白剤をかけて
重そうの粉少々もふりかけ、歯ブラシでトントンすれば、きれいに落ちる。

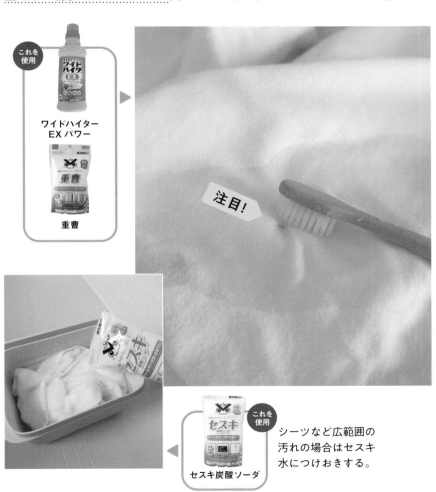

これを使用

ワイドハイター
EX パワー

重曹

注目！

これを使用

セスキ炭酸ソーダ

シーツなど広範囲の汚れの場合はセスキ水につけおきする。

最大の効果を発揮する
洗たくネットの選び方と使い方

生地を守って型崩れを防いでくれるのが洗たくネット。
効果を最大にするためには「衣類に合ったサイズ」にすることが重要。
ネットが大きすぎるときは余分な部分をしばって。衣類は1ネットに1枚。
金具やレース、大きなボタンなどの飾りがついている衣類は裏返して。

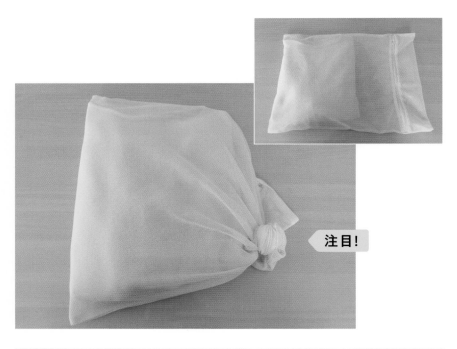

注目!

洗たくネットは目が「粗い」「細かい」
の2種類を持つと便利

白や淡い色の衣類は型崩れを防ぎつつもしっかり洗える
目の粗いネット、濃い色の衣類や金具・飾りがついた衣
類は、糸くずがつきにくい目の細かいネットに入れて。

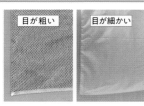

目が粗い　目が細かい

家でダウンをしっかり洗うには
襟と袖のこすり洗い＆押し洗いが肝心

ステップ 1 **洗たく表示を確認する**

タグに「洗たく機マーク」「手洗いマーク」があれば家で洗たくOK。家庭では洗えない×マークがついていたらクリーニングに出して。

ステップ 2 **襟と袖の黒ずみをゴシゴシ**

これを使用

アタック ZERO

全体をぬらす前にブラシに洗たく洗剤をつけ、襟と袖の黒ずみをこすって落とす。このひと手間できれいな仕上がりに。

ステップ 3 **おしゃれ着用洗剤＋湯で押し洗い**

これを使用

エマール

ダウンの空気を抜き、おしゃれ着用洗剤を溶かした湯に沈める。手で押し洗いして湯ですすぎ、水けをきってネットに入れ、洗たく機で脱水1分。半乾きの状態でハンガーに干す。

ニットの縮みは繊維のからまりすぎ。トリートメントでからまりがほぐれる

ステップ 1 トリートメント＋湯につけ込む

トリートメントは少量の熱めの湯で溶かしておくと混ざりやすい

トリートメントといっても効果があるのは「アモジメチコン」「ジメチコン」という成分が含まれたトリートメントのみ。これを湯に溶かし、ニットをつける。

ステップ 2 5分後にすすいで脱水

ニット全体にトリートメント液が浸透したら、軽くすすいで洗たくネットに入れ、1分ほど脱水する。

ステップ 3 手で伸ばす

タオルの上に平置きして縮んだ部分をかるく手で引っ張り、形を整える。

伸びたニットはスチームを当ててから手でもむとほぼ元の状態に

ステップ 1 アイロンのスチームをかける

伸びたニット部分にアイロンのスチームを当てて繊維を柔らかくする。

ステップ 2 その部分を手でもむ

手でもむと、ほぐれすぎた繊維同士のからまりが整う。ニットが伸びる原因は、繊維同士のからまりがほぐれすぎているから。

ステップ 3 アイロンで押さえる

もんだ部分に当て布をして、押さえるようにアイロンをかけ、形を整える。

においが気になる衣類は酸素系漂白剤 +湯につけおきすれば無臭に！

衣類の部屋干し臭、保育園から持ち帰った生乾きのエプロン、
こぼれた牛乳を拭いたタオルなど、
強いにおいには強力タイプの酸素系漂白剤が効く！
湯に溶かしてつけおき後、いつも通りに洗たくをすればにおいリセット。

漂白剤の分量は
容器の表示に
従って

これを
使用

ワイドハイター
PRO

乾いたあとの洗たくものに残るいやなにおいの予防ワザ3

洗たくものがくさくなる原因は雑菌の繁殖。
雑菌を繁殖させないために、雑菌をふやさない、
雑菌をしっかり落とす、早く乾かすを心がけて。

雑菌をふやさないコツ

ぬれたものとは
一緒にしないで

- 定期的に洗たく槽を洗う
- 洗たく前の衣類は
  通気性のよいカゴに入れる
- 洗たく後の衣類はすぐ干す

雑菌を落とすコツ

- 弱アルカリ性洗剤で洗う
- 湯で洗う
- 酸素系漂白剤を混ぜて洗う

衣類を早く乾かすコツ

- しっかり脱水する
- 部屋干しするなら
  狭い部屋＆湿度を下げて
- 風を当てる場合はアーチ干しで

注目！

肌弱さんのために知っておきたい 洗剤に含まれる3つの成分

以下の3つは「洗たくものを白くする」「除菌・消臭効果アップ」
「ふんわり柔らかくなる」などのメリットがある半面、
肌への刺激になることも。悪い成分ということではないので、
それぞれの働きを知った上で使うか、使わないかを判断をして。

蛍光増白剤

目に見えない紫外線を吸収して目に見える青白い光に変える染料。白いユニホームなどに使うと白さが際立つが、色ものに使うと色あせすることも。また、衣類を薬剤で染色するので肌への刺激になることも。

酵素

洗剤の主成分「界面活性剤」の作用を助けて洗浄力を高める。たんぱく質分解酵素は黄ばみやにおいの元となるたんぱく質汚れを分解するが、水だと溶け残りが出やすく、それが肌への刺激になることも。

柔軟剤

繊維に柔軟性を与える界面活性剤で衣類をコーティングする。肌への刺激が強いものが多いので肌が弱い人は下着などへの使用は控えるのがベター。タオルなどに使うと水をはじいて吸水性が落ちる場合も。

漂白剤の使い分け早見表

漂白剤の用途

シミを落とす

黒ずみ、黄ばみを落とす

衣類の消臭

色柄ものなら ← → 白ものなら

酸素系漂白剤

どっちを重視？

生地へのやさしさ | パワー

液体（弱酸性〜酸性）

漂白力 ★

粉末（弱アルカリ性）

漂白力 ★★

 NG素材 絹、毛など

塩素系漂白剤（アルカリ性）

＊塩素系はきつめなのでできれば酸素系から

漂白力 ★★★

 NG素材 絹、毛、ナイロン、ポリウレタン、アセテートなど

還元系漂白剤（弱アルカリ性）

番外編

サビ汚れや塩素系漂白剤で黄ばんだ衣類に効果的

子どもが吐いたとき、どうする？
家庭内感染を防ぐための対処法

ノロウイルスなどが原因で家族が突然嘔吐してしまったら
ワンオペでも適切に対処できるように「家庭内感染防御セット」を
作っておいて！　ほかの家族への二次感染を防ぐためにも
嘔吐物は広げず、乾燥させずに処理することが重要。

ノロ、ロタ、胃腸炎
家庭内感染防御セット

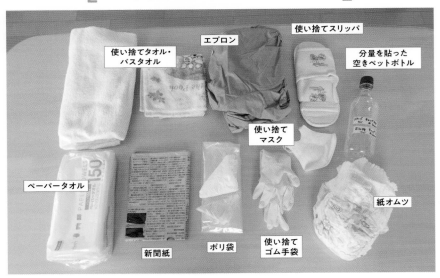

使い捨てスリッパ

エプロン

使い捨てタオル・
バスタオル

分量を貼った
空きペットボトル

使い捨て
マスク

ペーパータオル

紙オムツ

新聞紙

ポリ袋

使い捨て
ゴム手袋

消毒液の作り方

嘔吐物がついたものには塩素系漂白剤キャップ2杯、
ドアノブなどにはキャップ1/2杯に水を加えて500㎖
にした消毒液で消毒する。消毒液を作るボトルに分量を
書いたマスキングテープや紙を貼っておくと便利。

処理する
前に
やること

二次感染を防ぐために、紙
おむつをすき間ができない
ように2枚重ねにしてポリ袋に入れ、バケツの代わ
りに子どもに持たせる。

二次感染
させないための
3ステップ

ステップ**1**

菌を広げない

嘔吐物にペーパータオルをかぶ
せ、消毒液を注ぎ、さらに上に
新聞紙をかぶせて包み込み、密
閉して捨てる。床も消毒する。

処理する人が
感染しないように
「マスク」「手袋」
などをして

ステップ**2**

換気する

嘔吐した部屋に浮遊しているウ
イルスなどを屋外に追い出すた
めに、部屋を充分に換気して。

ステップ**3**

衣類を消毒する

85℃以上の熱湯に1分以上つ
けて消毒する。塩素系漂白剤は
色落ちするので要注意。

洗えない布団
などはスチーム
アイロンでも!

衣類についたその汚れ、
残念ながら落ちません（涙）

あらゆる方法でシミ抜きを試した結果わかったこと……、
それは「がんばってもどうしても落ちないシミがある」
という残念な事実。みなさんの貴重な時間を
ムダにしないためにも、
「どうしても落ちなかったシミや汚れ」を公開します。

時間が経過した
墨汁

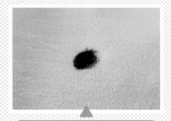

習字の日は
黒い服を着せよう

時間が経過した
油性マジック

すぐなら除光液で
とれる場合も

固まった瞬間接着剤

固まったら
もうアウトと心得て

乾いたマニキュア

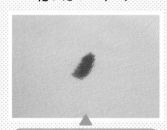

大切な服なら無理せず
プロにおまかせ

3章

収納

ここで紹介するのは見ばえよく収める収納ではなく、
そうじをしやすくするため、
家事の負担を減らすための収納です。大変なのは最初だけ。
一度仕組みを作ったら一生ラクが続きます。

「こんな工夫で家事の時短ができる！」
家事をラクにするための きほんルール4

最短距離収納

物は使いたいときにすぐ使えるように使う場所の最短距離に収納するのがおすすめ。キッチンシンクで使うものはシンクの下、コンロで使うものはコンロの下に。

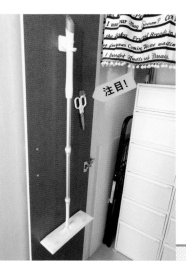

注目！

適材適所 収納

はさみはキッチンにも物置にも置くなど、使う場所ごとに必要な道具をセットしておくと物が迷子になりにくい。

浮かせる収納

物を浮かせた状態ならどかす手間なしでそうじ機やワイパーがけがスイスイ。特に水まわりはさっと拭けて便利。さらにスペースの有効活用にもなっていいことずくめ。

戻せる収納

仕組みがシンプルなら元の位置にすぐ戻せる。「一目でわかる」「ワンアクションでとれる」「1フック1アイテム」「フックは大きめ」などの方法で、家族の誰でも片づけられるように。

家族が覚えられる収納場所は 一目瞭然にする工夫でかなう

家族にいちいち「あれどこ?」と聞かれるのはイライラの元。
「見ればすぐわかる」収納にチェンジ。例えば薬の収納なら
「全部見渡せる」「詰め替えないで箱のまま」「分類はざっくり」などの工夫を。
最初の仕組み作りのひと手間が、自分をラクにしてくれます。

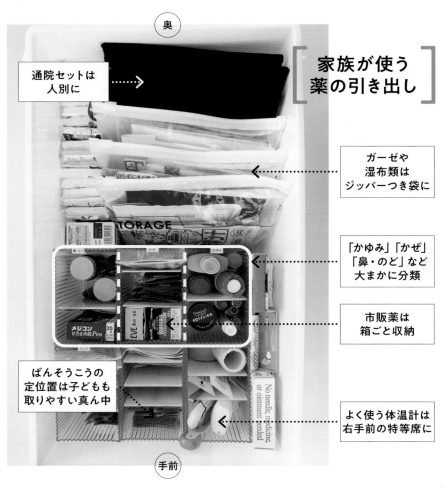

奥

通院セットは
人別に

家族が使う
薬の引き出し

ガーゼや
湿布類は
ジッパーつき袋に

「かゆみ」「かぜ」
「鼻・のど」など
大まかに分類

市販薬は
箱ごと収納

ばんそうこうの
定位置は子どもも
取りやすい真ん中

よく使う体温計は
右手前の特等席に

手前

電池と
工具の収納

１つの箱にまとめておき、作業するときは箱ごと持ってくれば、足りないもののために往復しなくてすむ。ドライバーは各種類がセットになった万能タイプがおすすめ。

残量がわかる
電池チェッカーも
一緒に …………▶

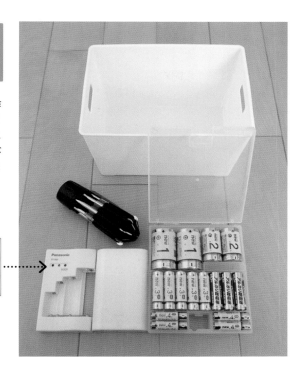

郵便用の切手やはがき類、宅配便の伝票、冠婚葬祭用ののし袋などは同じファイルにまとめて。表書きに使う筆ペンも一緒に入れておくと便利。

切手やはがき、
のし袋の収納

家族が帰宅するたびに散らかる悩みには
玄関でものをせき止める対策で

玄関はものが家に入ってくる入り口。
玄関で使うものは玄関に置き場所を作る。
不要なものは玄関で処分して室内に持ち込まない。
外出時の持ちものや上着は玄関に収納。これでリビングはいつもきれい。

外出グッズは
玄関近くに収納

外から帰ったら、上着、バッグ、帽子、時計などは玄関脇のスペースに全部かけて収納。

登校前

登校後

持ちものは
見える場所に
スタンバイ

翌日持っていくものだけを見える場所に出しておく。登校後にここが空っぽになっていたら、忘れものなしの証拠。

注目!

玄関脇に
ゴミ箱を設置

ゴミ箱は浮かせて設置。ポケットのゴミやマスク、不要なDMなどはここへ。

玄関で
使うものは
玄関に置く

ハンコや回覧板用のペン、宅配便開封用カッターなどは玄関ドアにペタッと貼りつけて収納。マスクかけも玄関にあると出かけるときに便利。

汚れやすい水まわりは
浮かせる収納でそうじの負担が減る

家の中の3大水まわりポイントは浴室、トイレ、洗面所。
ここがカビたりにおったりする主な理由は「水分」なので
水まわりはものをどかさずにさっと拭けるように、小物は浮かせて収納。
「貼る」「吊るす」「かける」もOK。じか置きはしない!

洗面ボウルまわりは
断然浮かせる収納に

100均のフックなどを鏡
や壁に貼りつけて、歯ブラ
シやソープディスペンサー
などの小物はすべてかける。
これで洗面ボウルの水はね
が秒で拭ける。

浴室小物も
全部浮かせて
ヌメリを作らない

床に置いた分、そうじの手間がふえるので、シャンプー類も洗剤も洗面器も全部浮かせる収納に。最後にさっと水をかければヌメリ知らずに。

注目！

トイレブラシも
浮かせて手間減

トイレブラシを浮かせれば、床そうじをするときにブラシをどかす手間なく、フロアモップでスイスイ。きれいを保てる。

そうじ道具を出すのが面倒なら
そうじする場所に収納して

フロアモップや替えのシート、そうじ機、洗剤などのそうじ道具は
まとめて物置や洗面所にしまっている人が多数派のよう。
でも、それぞれ使う場所の近くに置いておくほうが断然効率的!
わざわざとりに行く手間が減り、そうじを始めるハードルも下がる。

トイレの
そうじ道具は全部
トイレ内

収納扉を開けたらどこに何
が入っているかすべて見え
るように置くと、家族も使
いやすい。フロアモップは
扉内にしまわず見える場所
にかけておけば、ついでそ
うじもさっとできる。

ドライシートも
あらかじめセット

よく使う洗剤は
つっぱり棒に
かけると便利

洗面所でよく使う洗剤は扉を開
けたらさっととれるように、つ
っぱり棒にかけて収納。つっぱ
り棒を使うと配管があっても空
間を有効活用できる。

注目!

ハンディモップは
使う場所に
直接ペタッ

テレビの裏側に100均のフッ
クをつけ、そこにハンディモッ
プをかけておけば、テレビのほ
こりに気づいたときにささっと
ついでそうじができる。

たまっていく紙・書類は
処分する期限と行き先を決める

紙類は「とりあえず」と思ってとっておくとたまる一方。
いつまでとっておくか、どこにどうしまうかのルールを具体的に決めて。
必要な情報のために保管していた紙は
その情報が不要になったらすぐ処分することが鉄則!

不要なポスティングチラシや郵便物、ダイレクトメールは見たら即処分。

寝るまでにチェックして翌日に持ち越さない

保管期限1年以内のものは
キッチン付近に収納

レシート類・クレカ明細

出入りの激しいものはジャバラケースにカテゴリー別に保管。家計簿に記帳したり、引き落としを確認したら処分する。

光熱費の明細・給与明細

1年分はジャバラケースに保管。1年たったら長期保管のファイルに移し、自分で決めた保管期限まで保管する。

保管期限1年以上のものは
リビングへ移動

家電や住宅設備の取扱説明書

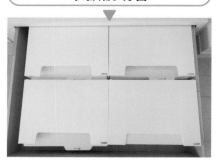

家電や設備の交換時に取扱説明書も交換し、古いものは処分。ボックスにラベリングしておけば、あとは入れ替えるだけ。

年賀状

この箱に入る分だけ保管すると決める。いっぱいになったら古いものから処分。同じ人からの分は、最新のもののみ残す。

学校からのおたより類は、帰宅後、子どもがボックスに入れるルールに

学校から来る「おたより」「連絡帳」「テスト用紙」などの紙類は
そのつど整理しないとたまる一方。大事な連絡を見落とすことも。
ボックスやコルクボードを使った仕組みを作っておけば
紙類があふれることもなく、見落としや子どもの忘れものも防げる。

急ぎのものは
見える場所に

おたよりや予定表は
すぐに目に入るボードへ

おたよりは、必要な間はコルクボードに
貼る。予定を書き入れるカレンダーも同
じ場所に。下のボックスに入れてあるの
は対応が必要な子ども別のおたより。

ボックス内を
親が確認して仕分け

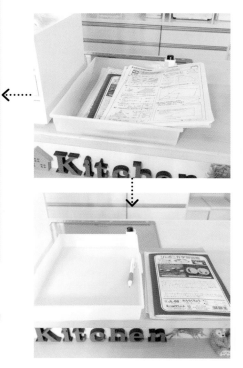

翌日、学校に持っていくものは横に出し
ておき、子どもがランドセルに入れる。

テスト類は
ファイルボックスへ

テストや学習プリントは子ども別に区分けして一時保管。子どもが勉強する場所の近くに置き、テストの間違った箇所を子どもがノートにまとめ終わったら処分。

1年分の
教科書やノートは
春休みに処分

教材やノートはその学年が終わる春休みにすべて処分。テストの間違い箇所を復習した「苦手克服ノート」だけを見直し用にとっておく。

子どもの作品は
一人1箱に収めて

立体の作品は写真に撮って一覧印刷して残したり、フォトブックにして思い出として残すのもおすすめ。

お弁当小物や保存容器は
迷子になりがち。分類して定位置収納に

ごちゃごちゃになりがちなお弁当用のゴムバンドやピック。
ポケット収納にして収納するエリアを細かく分けるとすっきり。
あふれがちな保存容器は、重ねて収納できるものを選び、
持つ量や種類が必要最小限になるよう数を減らして。

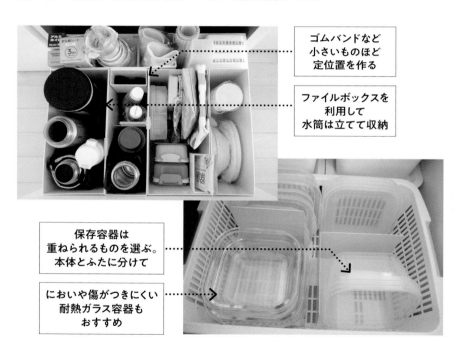

ゴムバンドなど
小さいものほど
定位置を作る

ファイルボックスを
利用して
水筒は立てて収納

保存容器は
重ねられるものを選ぶ。
本体とふたに分けて

においや傷がつきにくい
耐熱ガラス容器も
おすすめ

こまごましたグッズは
収納ケースを活用

ピックやカップなどのお弁当小物は、ふたのある仕切り
つきケースに入れておけば、忙しい朝もパッととり出せ
て、お弁当作りがスムーズ。

用途がわからなくなりがちなケーブルは ラベリングすれば一目瞭然

新しい家電やスマホを買うとたいていケーブルがついてきて、
保管するうちに「これって何用?!」とわからなくなることもしばしば。
ケーブルには全部にラベリングをしてから収納する。
ラベルは貼り合わせたマスキングテープでも代用できる。

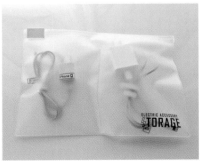

中身が見える100均の仕
切りつきビニールケースに
まとめておくと、必要なと
きにさっととり出せて便利。

シーズンオフの寝具は
通気性のよい収納袋に保管

シーズンオフの寝具の保管は、通気性のよい袋で。
中に除湿材も入れ、湿気がこもらない高い場所へ。
スペースがなくて圧縮袋に入れる場合は、布団をよく乾燥させ、
熱をとってから入れ、年に一度は袋を開けて空気の交換を。

敷きパッドは100均の便利
ベルトを使うとコンパクト
なロール状にできる。

行方不明になりがちな家具の付属パーツは その家具の裏に貼っておく

家具を買うとついてくる予備のネジや六角レンチ、特殊パーツ類は、
家具の裏に養生テープで貼っておくのがおすすめ。
これなら「家具を廃棄したのにパーツだけ残っている問題」も解決。
収納場所いらずで、必要なときもすぐにとれて一石二鳥。

養生テープで覆うようにして
パーツ類を貼りつける。

キッチン以外でも収納に大活躍の ジッパーつき保存袋。 袋に入れると整理しやすい

ジッパーつき
保存袋

歯ブラシの替え・試供品

目につく場所に収納しておくと、ダブル買いや使い忘れを防げる。

ふせんやシール

こまごましたものも、種類別に袋に入れれば迷子になりにくい。

工具

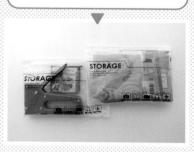

工具の中でも同じ仲間はひと袋にまとめておくと探しやすい。

子どものゲーム

箱から出すと省スペースになり、小さい子どもでも片づけやすくなる。

ここで使っているのは
350㎖缶を4本収納できるタイプ。
見やすくてとり出しやすい

缶ストッカー

洗たくネット

洗面所で、目の粗さが異なる洗濯ネットを入れておくのにちょうどよい。

調味料

ビールの缶以外に冷蔵庫内のマヨネーズやケチャップなどの収納に。

ジッパー袋

箱から移し替えて入れておけば、片手でさっととり出せる。

スプレー缶

玄関のげた箱内に置く防水スプレーや非常用懐中電灯の収納にも。

キッチンの収納スペースが足りないなら 板やつっぱり棒を使って収納力アップ

上段は出し入れしやすい
ボックス収納に。
めったに使わない
来客用食器などは上段へ。

市販の板で作った
コの字ラックを
下段に配置して

毎日使うものは手前の
とり出しやすい位置に。
たまに使うものは奥に

家族で同時に使うものは
一気にとり出せるように
重ねて収納

※コの字ラックはホームセンターなどで板を希望のサイズにカットしてもらい、木工用接着剤で貼り合わせる。

引き出しの奥につっぱり棒を渡し、引き出し内を有効活用

すき間を活用して鍋のふたの定位置に。

注目!

よく使う "一軍" は上段、"二軍" は下段とゾーンを分ければよく使うものがすぐとれる

多すぎるカトラリーは、毎日家族が使うものだけトレーに。残りはふたつきケースに入れて下段にまとめる。

げた箱に靴が入りきらないときは
つっぱり棒で収納倍増！

日常的に使う靴やサンダルのほか、長靴やブーツなども入れると
げた箱はあっという間にいっぱい。玄関に出しっぱなしになることも。
そんなときは棚と棚の間や、げた箱と玄関たたきの間の空間に
つっぱり棒を渡すと、収納スペースをふやせる。

注目！

つっぱり棒を使えばげた箱下も
収納スペースに。浮いた状態な
ので靴底の汚れが下に落ち、靴
をどかさずに掃きそうじができ
る。通気性も確保できて◎。

スリッパは タオルバーに かけて

収納スペースを確保しづらい
スリッパ。げた箱の扉裏に市
販のタオルバーをとりつけ、
そこにかけると便利。

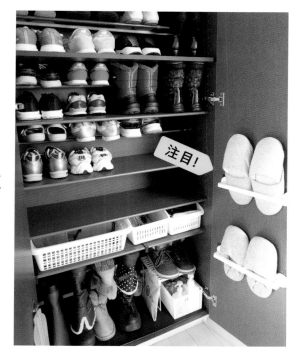

注目!

げた箱内に収納ボックスを設置。左には雨や
雪でぬれて帰ってきたり水遊びに行くとき用
のタオル、真ん中はレジャーシート、右には
レインコートを入れて。

玄関に置きたい グッズはげた箱内に

服や小物が見渡せるように
<u>クローゼット</u>は収納グッズで使いやすく

クローゼットが整理できないのは「1つのフックにものをかけすぎる」
「アイテムごとに分類していない」ことが主な原因。
100均にもあるつっぱり棒やフックなどを使って
1か所1アイテム収納を心がければ、どこに何があるかすぐわかる。

帽子、メガネ、時計、ア
クセサリーなど、身につ
けるものは1つずつフッ
クに。重ねがけしないこ
とでとりやすく。

吊るせる
収納ラックも便利

帽子、バッグ、ストールなどの小物は、ポールに収納ラックをとりつけて1段1アイテム収納に。一目でわかり、必要なものがさっととれる。

吊り下げ式フック
を活用

シャツやジャケットなど、丈の短い服の下の空間を生かすのに便利なのが吊り下げ式フック。ここでも1フック1アイテム収納に。

注目!

収納力2倍の
前後2列ハンガー

収納量をふやしたいときは前後2列ハンガーをポールにかけて使うのも手。手前には今着る服、奥にはシーズンオフの服をかけて。

スーツケースには
いす脚カバーをつけて

スーツケースをしまうときは、キャスターに100均などでよく見かける「いす脚カバー」をつけて。キャスターの汚れが床につくのを防げる。

注目!

災害への備えはマスト。
家に常備したい4つのセット

常に持ち歩く「コンパクト防災セット」は、事故や急な入院時にも役立つ。
食料は、食べた分を常に買い足す「ローリングストック」で対応。
そして災害後に避難生活を送るための「在宅避難グッズ」、
加えて災害の「後始末グッズ」も用意すると安心。

いつも車で
移動する人は
車内に常備しても

ポーチに入れていつも持ち歩きたい
コンパクト防災セット

- ☐ ウェットティッシュ
- ☐ メイク落とし
- ☐ マスク
- ☐ 生理用品
- ☐ 除菌スプレー
- ☐ ペン型ライト
- ☐ はさみ
- ☐ 常備薬

- ☐ ばんそうこう
- ☐ レジ袋・ポリ袋
- ☐ 圧縮タオル
- ☐ 歯ブラシ
- ☐ 連絡先リスト
  （スマホの充電が切れたとき用）
- ☐ コンタクトレンズの予備（必要な人）
- ☐ 紙石けん

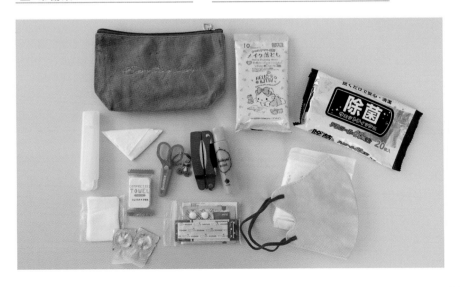

家族の好物にすれば
食べる頻度が上がり
食品ロスなし

キッチンのストック食品は、食べた
ら買い足す「ローリングストック」
で災害用備蓄も兼ねて。期限切れに
よる食品ロスも防げる。賞味期限の
表示が見やすい向きに収納して。

日常の食品を災害時にも
ローリングストック

災害時の現金として
小銭も用意しておくと安心

災害時にはレジが使えなくなったり、公衆電話利用など
でお札より小銭が必要な場合が多い。常備しておくと、
子どもの学校の集金や急な町内会の集金のときにも便利。

災害後は避難所へ行くより在宅避難のほうが安心なことも。そのために最低 1 週間、家族が自宅で生き延びるための「在宅避難セット」を。割れたガラスやこわれた家財を片づけるための「後始末セット」も用意しておきたい。

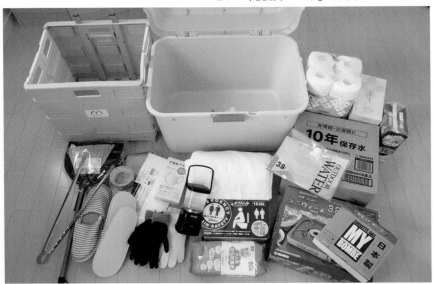

家の中の被害に対応する
後始末セット

- ☐ 使い捨てマスク
- ☐ ポリ袋・ゴミ袋
- ☐ ほうき・ちりとり・トング
- ☐ ガムテープ
- ☐ 粘着式カーペットクリーナー
- ☐ 軍手（布製とゴム製両方）
- ☐ 新聞紙
- ☐ ペーパータオル
- ☐ スリッパ（底が硬いもの）

ライフラインが止まったとき用の
在宅避難セット

- ☐ 水（一人1日3ℓ目安）
- ☐ トイレットペーパー
- ☐ ティッシュペーパー
- ☐ 簡易トイレ
- ☐ バケツ（トイレ流す用）
- ☐ カセットコンロ
- ☐ ガスボンベ
- ☐ 給水タンク
- ☐ キャリーカート（買い出し用／給水用）
- ☐ 体拭きシート
- ☐ タオル・バスタオル
- ☐ 生理用品
- ☐ ランタン（またはヘッドライト）

4章

大そうじ

冬は気温が低くて油汚れが落ちにくい時期。
年末だから家中の大そうじをする、
というプレッシャーを感じなくても大丈夫。
場所ごとに一番適したタイミングと方法で
たまった汚れを落とすと、大そうじのハードルが下がります。

「1か所ずつなら大変じゃない」
大そうじ年間スケジュール

1章でそうじ方法について詳しく紹介しましたが
ふだんはそうじが行き届かない場所は、プラスαの大そうじを。
いつ、どこの大そうじをするのがおすすめかをお伝えします。

春

暖かくなったら「玄関まわり」　　　　➡ P170

浴室をたくさん使ったあとに
「浴槽のエプロン」　　　　　　　　　➡ P171

夏

気温が高くて油汚れがゆるむから
「キッチン」　　　　　　　　　　　　➡ P172 ～ 176

冷たい水を使わなくてすむから
「家の外壁」　　　　　　　　　　　　➡ P177

窓の開閉がふえるから「窓まわり」　　➡ P178 ～ 179

夏の終わり

子どもの夏休み後に「リビング」　　→ P180 ～ 181

エアコンをたくさん使ったあとに
「エアコン」　　→ P182 ～ 183

秋

結露がふえる前に「カーテン」　　→ P184

冬

使用時間が長くなる季節だから「照明器具」　　→ P185

雑菌が繁殖しにくい時期に「トイレ」　　→ P186

季節ごとに1回、年4回したいそうじ

車の送迎の
待ち時間にするのも
おすすめ！

「車の中」　　→ P187

大そうじの効率が上がる
おすすめ一軍そうじ道具

たまった汚れを落とす大そうじは、そうじ道具の力を借りて。
そうじオタクを自認する私が、汚れ落とし力や使いやすさを検証して
実際に自宅で使っている、ベスト8をご紹介します。

クイックルハンディ 伸び縮みタイプ

柄が伸びて角度も変えられるのが◎。エアコン上部やカーテンレール、洗濯機の下など、手の届きにくい場所のほこりとりに。

クイックルハンディ

先端のもふもふの吸着繊維がほこりをキャッチ。車内やテレビ、パソコン周辺、ドラム式洗たく機のパッキン部分などに。

ユニットバスボンくん

洗剤を使わず水だけで汚れを落とせる。浴室の浴そう、ドア、鏡や水栓金具のそうじに。汚れてきたら洗車や外壁そうじ用に。

クイックルワイパー

床はもちろん、柄が長いので窓や網戸、壁の高い場所もラクラク。ほこりを舞い上げずにそうじができるのも利点。

※そうじ道具の正式な商品名とメーカーはP191に記載しています。

隙間掃除シリーズ ヘラ

窓のサッシやドアレールなど、汚れがたまりやすい場所の隅までしっかり届く。ウェットシートなどを巻いて使う。

平ハケ30㎜

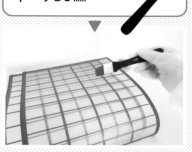

文具コーナーにある平ハケ。ほどよいかたさが、フィルターやサッシ、巾木のほこりとりに使いやすい。

玄関タイル ブラシスポンジ

ザラザラしたブラシ面で汚れをかき出し、洗剤不要で水はねも少ない。玄関、ベランダ、コンクリートの駐車場そうじに。

ジェルクリーナー

キーボードのすき間汚れをとるほか、縦型洗たく機のふたの裏や換気口フィルターのそうじ、サッシにたまる虫の死骸とりにも。

玄関まわりのそうじは、
中性洗剤とフロアワイパーで簡単！

玄関まわりにアルコールを使うと、樹脂で塗装された玄関ドアの変色や
塗装はがれの原因に。中性洗剤なら玄関まわりをまるっとそうじ可能。
洗剤を吹きつけたクロスで拭けばOK。
ドアはフロアワイパーにつけたマイクロファイバークロスでから拭きして。

ドアノブ、インターフ
ォン、郵便受けも中性
洗剤なら問題なし。

これを
使用

**クイックル
ホームリセット**

ドアはマイクロファイ
バークロスでから拭き。
汚れがひどい場合はク
ロスに中性洗剤を吹き
つけて拭く。拭くとき
は上から下に。

浴槽のエプロンをはずし、
エプロンとはずした内部を洗う

浴槽の側面についているカバー部品がエプロン。
ふだんは隠れているエプロンの裏側は、カビや水アカが発生しやすい。
浴室用洗剤で洗い、カビにはカビとり剤をスプレーしてから水洗い。
そうじ後は内部が乾くまで半日ほどおいてから、エプロンを戻して。

エプロンをはずす

はずし方は取扱説明書でチェック。この中がカビだらけだと、きれいに浴室そうじをしたつもりでもカビがはえやすくなる。

これを
使用

バスマジックリン
除菌・抗菌

浴室用洗剤で
汚れを落とす

浴室用洗剤を使い、スポンジでエプロンとエプロン内を丸洗いする。カビにはカビとり剤をスプレーしたあと水で流す。

カビやすいエプロン内は
アルコールでカビ予防

エプロン内部を乾かして再びエプロンをとりつける前に、カビやすい箇所にアルコールを吹きかけておくとカビ予防になる。

<u>換気扇</u>は汚れレベルによって
使う洗剤を替えるのが正解！

洗剤の汚れ落とし力が強いほど、素材を傷めるリスクが高まる。
こまめに換気扇そうじをしているなら、中性洗剤で対応、
たまった油汚れには、変色の可能性があっても酸素系漂白剤を使うなど
汚れの状態に応じて、リスクも考え合わせた洗剤を選んで。

レベル **1**　食器用洗剤につけおき

これを
使用

**除菌ジョイ
コンパクト**

軽い汚れならフィルター
やファンをはずし、食器
用洗剤を溶かした湯につ
けおきして、スポンジで
洗う。

これを
使用

**クイックル
ホームリセット**

はずせないところは、乾
いたマイクロファイバー
クロスに中性洗剤を吹き
つけて拭く。

レベル 2　重そう水につけおき

中性洗剤よりは洗浄力が高いが、変色等のリスクは低い。フィルターやファンを重そうを溶かした湯につけおきする。その後、水ですすげば完了。

これを使用

重曹

レベル 3　酸素系漂白剤につけおき

これを使用

オキシクリーンEX

油汚れがひどい場合は、変色覚悟で規定の分量の酸素系漂白剤＋湯に様子を見ながらつけおき。湯をシャワーで入れて洗剤液を泡立てると、汚れ落とし効果がアップ。残った汚れはブラシでこすり落としてから、すすぐ。

アルミ製品は酸素系漂白剤 NG

アルミ素材を酸素系漂白剤につけおくと、激しく変色するので事前に確認を。外から見えないファン部分は酸素系漂白剤、フィルターカバーは中性洗剤を使うのも手。

⚠ 酸素系漂白剤は汚れを落とす力は強いが、変色の危険性が高い。使う場合は規定量を守り、自己責任で。

<u>コンロのグリル</u>のギトギト油には
つけおきとアルカリ性洗剤が効果的

ステップ **1** 固形の汚れをとり除く

洗剤を使う前に、受け皿
と網をはずし、硬いカー
ドなどで、固形の汚れを
できるだけとり除く。

ステップ **2** 重そう + 湯につけおきする

受け皿と網は大きなポリ
袋に入れ、重そう＋湯を
加えてつけおきする。汚
れが浮いてするっと落と
せる状態に。それでもと
れない汚れは酸素系漂白
剤を使用して。

これを
使用

重曹

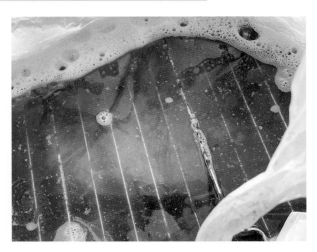

 酸素系漂白剤＋湯に長時間つけると塗装がはげたり変色したりする可能性があるので、様子を見ながら
自己責任で行って。

ステップ 3

中や扉にはアルカリ性洗剤をシュッ

グリル内部の汚れにはアルカリ性
洗剤をスプレーする。扉はスプレ
ー後にラップパックをし、汚れを
ゆるませる。

これを
使用

水の【激落ちくん】

ステップ 4

メラスポで磨く

汚れがゆるんだら、メラ
ミンスポンジで磨くとぴ
かぴかに。磨きすぎると
はげたり変色したりする
ので、様子を見ながら行
って。

⚠ アルカリ性洗剤には、はげや変色の恐れがあり「庫内そうじは中性洗剤のみ推奨」というグリルが一般的。
アルカリ性洗剤を使う場合は自己責任で。

キッチン水栓の<u>シャワーヘッド</u>は
年1回クエン酸パック&ブラシ洗い

見落としがちだが、シャワーヘッドには実は水アカがいっぱい!
クエン酸をスプレー後にラップパックを5分したら、
歯ブラシと穴専用ブラシでこする。仕上げは水洗い後にから拭きして。

これを
使用

クエン酸
クリーナー

クエン酸をスプレー

**ラップパックをして
5分おく**

ラップをはずし、歯ブラシで水
アカがたまっているヘッドの穴
などをこする。

小さな穴は専用ブラシか
歯間ブラシを使って

シャワーヘッドの小さい穴一個一個も、穴用のブラシや
極細の歯間ブラシなら入る。これでヘッドの水アカ詰ま
りが解消できてすっきり。

家の外壁そうじは、中性洗剤と
ハンディモップを使えば簡単

家の外壁そうじは、汚れがゆるんでいる雨上がりにするのがおすすめ。
水をかけてから、壁専用の洗剤を吹きつけ、
壁にフィットする柔らかいスポンジで上から下に洗っていく。
窓や換気扇の下は雨だれの跡がついているので特に念入りに。

これを
使用

ユニット
バスボンくん

これを
使用

外壁汚れ用洗剤

成分が似ている
浴室用洗剤を
使ってもOK

メーターのカバーも
ついでにそうじ。

⚠ 外壁そうじに高圧洗浄機を使うとコーキングが傷むのでNG。硬いスポンジも塗装がはがれる可能性が
あるので使わないほうが無難。

窓まわりは網戸→窓→サッシの順に。水は使わないのが最も効率的

網戸

窓まわりのそうじは網戸からスタート。フロアワイパーに網戸用の使い捨てシートをつけ、部屋側から拭く。上から下に拭き、外側も手の届く範囲で同様に行う。シートが乾いてきたらアルコールをたっぷり吹きつけて続ける。

これを
使用

網戸用
おそうじシート

NG

メラミンスポンジで網戸をこすると、そのたびにスポンジが削れてマイクロプラスチックの粉が飛ぶので、使用は控えて。どうしても使う場合はマスクは必須。

! 窓に使われているのが樹脂サッシの場合、高濃度アルコールが直接サッシにかかると塗装面を傷め、変色する恐れがあるので注意して。

窓

フロアワイパーにマイクロファイバークロスをつけて
アルコールを吹きつけ、部屋側から拭く。
外側は、汚れがひどい場合はアルカリ性洗剤を吹きつけて。

窓の内側

これを
使用

パストリーゼ77

これを
使用

水の【激落ちくん】

窓の外側

力を入れて拭くと
きれいに
仕上がる

マイクロファイバーにアルコールをたっ
ぷりつけて拭くと、拭き跡が残らない。
拭くときは上から下に一方向で。

アルコールのみのほうが拭き跡はきれいだ
が、外側の汚れがひどい場合はアルコール
ではなくアルカリ性洗剤を使って。

サッシ

サッシそうじのコツは、最初にハケでほこりや砂をとり除くこと。
次にヘラかマイナスドライバーにウェットティッシュを巻きつけ、
サッシ内をスーッとすべらせるようにして汚れを拭きとって。

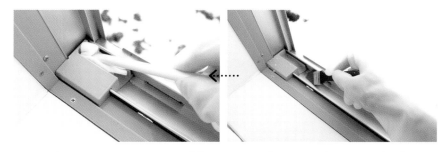

ヘラ＋ウェットティッシュで拭く　　ハケで固形の汚れを除く

壁のシミや落書きには
スプレー式食器用洗剤+メラスポで

洗剤が密着する泡で出るタイプのスプレー式食器用洗剤を吹きつけ
メラミンスポンジで軽くこするとたいていの汚れは落ちる。
最後にクロスで拭きとって完了。ただし、防水タイプ以外の壁紙は
洗剤のシミが残る場合もあるので事前にチェックして。

食器用洗剤で

これを
使用

ジョイ W 除菌
泡スプレー

メラスポで
かるくこする

**落ちない汚れには
泡タイプの塩素系漂白剤**

落ちない落書きなどは泡タイプの塩素系漂白剤
をスプレー後、メラスポでかるくこする。変色
リスクが高いので、すぐに水拭きして。

巾木の黒ずみ汚れは
中性洗剤+メラスポで落とす

最初にそうじ機の細いノズルやハケでほこりやゴミをとり除く。
黒ずんだ部分に中性洗剤をかけて汚れをゆるませてから
メラミンスポンジでこすればすっきり落とせる。
キッチンペーパーで拭いたら完了。

これを
使用

クイックル
ホームリセット

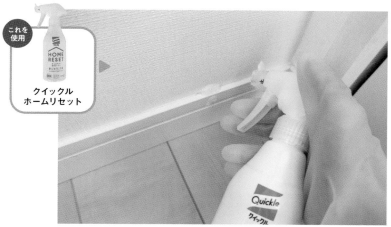

エアコンは内部を乾燥させてから
ほこりをとって本体を拭く

シーズンの終わりにはエアコン内部の汚れをできるだけとり除き、
カビが繁殖しにくい状態にしておくことが大切。
しばらく使わないときは送風運転をして、
中を充分乾燥させておくとカビ予防に。

ステップ 1

電源を抜く

ステップ 2

エアコン本体の
ほこりをとる

ハンディモップでエアコ
ン表面のほこりをとる。

これを
使用

**クイックル
ハンディ
伸び縮みタイプ**

ステップ **3**　フィルターをはずしてほこりをとる

そうじ機でほこりを吸う。表側からそうじ機をかけると目詰まりしない。

フィルターを水洗いする場合は、柔らかいハケやスポンジでなで洗いする。ブラシでこするとフィルターが傷むので NG。

ステップ **4**　中性洗剤＋クロスで本体を拭く

クロスに中性洗剤を吹きつけて本体を拭く。無理に内部まで拭くと故障の原因になるので控えて。複雑な構造のエアコンそうじは専門業者にまかせても。

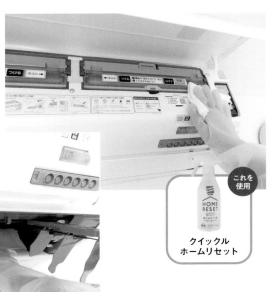

これを使用

HOME RESET

クイックル
ホームリセット

<u>カーテン</u>はフックをつけたまま、
折りたたんで洗たく機洗いできる!

カーテン洗いで面倒なのが、フックをつけたりはずしたりする作業。
でも折り方を工夫すれば、フックはつけたまま洗ってよし!
フック部分を内側に折り、さらに洗たくネットに入るサイズに折ってネットへ。
おしゃれ着用洗剤で洗い、シワ防止のため脱水時間は短く。

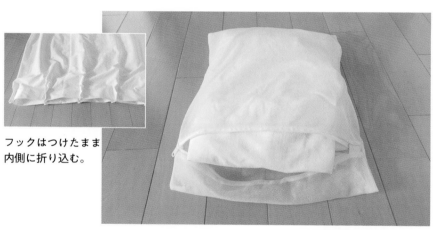

フックはつけたまま
内側に折り込む。

ネットに入れると汚
れが落ちにくくなる
ので、汚れがひどい
場合は内側に折り込
んだフック部分をゴ
ムでしばってまとめ、
そのまま洗たくして。

洗たく後は濡れたままカーテンレールに
吊るしてOK。カーテンの重みで、乾く
ころにはシワがピンと伸びる。

照明器具は油汚れなら食器用洗剤、ほこり汚れなら中性洗剤で拭く

キッチン付近の照明の笠には油汚れがかなりついていることも。
食器用洗剤を入れた湯につけて絞ったクロスでよく拭いて。
それ以外はほこりをとってから、クロスに中性洗剤をつけて拭く。
照明がきれいになると部屋がパッと明るくなる。

キッチンの照明

これを
使用

除菌ジョイ
コンパクト

キッチン以外の照明

照明器具の内側にたま
ったほこり汚れは、そ
うじ機で吸いとっても。

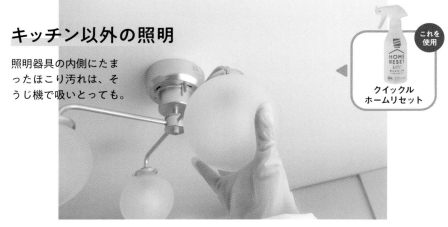

これを
使用

クイックル
ホームリセット

トイレの床と便器の間のすき間は
クエン酸パックからの中性洗剤で！

おすすめシーズン 冬

ステップ1 クエン酸をスプレー

これを使用
クエン酸クリーナー

汚れがひどい場合はクエン酸をスプレー後、ラップでパックをして5分ほどおく。

ステップ2 中性洗剤と歯ブラシで汚れをとる

これを使用
クイックルホームリセット

クエン酸をトイレットペーパーで拭きとって次に中性洗剤をかけ、歯ブラシで汚れをかき出す。

ステップ3 トイレ用シートで汚れを拭きとる

これを使用
ミチガエルトイレクリーナー

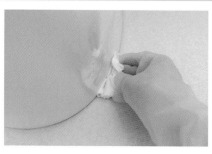

かき出した汚れを使い捨てのトイレ用シートで拭きとる。

けっこう汚れている車の中は
道具を駆使してすみずみまできれいに

車内のそうじに便利なのが粘着式のカーペットクリーナー、
ハンディモップ、ハンディなそうじ機と使い捨てウェットシート。
すき間汚れにはスライムのようなジェルクリーナーが便利。
便利道具を使い分けて、効率よく車内をきれいに。

レバーやスイッチまわりの細かい部分の汚れをジェルでオフ。

これを
使用

ジェルクリーナー

ハンディモップでダッシュボードやドア周辺のほこりをとる。

これを
使用

クイックルハンディ

シートのすき間や床の土汚れはそうじ機の細いノズルで吸いとる。

粘着式のクリーナーでシートのほこりや髪の毛をとる。

これを
使用

カーペット
クリーナー

大そうじ後の汚れ予防法 ⑥

大そうじが終わったら、汚れをつきにくくするひと工夫をすれば
きれいがキープできて、その後のそうじもラクに！
便利な予防グッズもたくさんあるので、ぜひ活用して。

コンロそうじのあとに

炒めものや揚げものをする
ときは、100均などにあ
るアルミ製の「油はねガー
ド」でまわりを囲うとコン
ロまわりが汚れにくい。2
枚つなげて使うと便利。

トースター・グリル
そうじのあとに

トースターのパンくず受け皿にアルミホイル
を敷いたり、グリル調理の際にグリルプレー
トを使うと、そうじがぐっとラクに。

注目!

換気口そうじのあとに

ほこりや汚れをキャッチする専用使い捨てフィルターを貼って。ただし、換気量は落ちるので、汚れ防止と換気量のどちらを優先させるかは自己判断で。

注目!

冷蔵庫そうじのあとに

調味料やドリンクを入れているポケットにキッチンペーパーを敷いておく。液だれしてもペーパー交換のみでOK。

ソファ・布団そうじのあとに

ソファのカバー下や布団のシーツ下に防水カバーをセットしておくと本体が汚れずにすんで安心。

げた箱そうじのあとに

げた箱に除湿剤を入れておくと、カビやにおいを防げる。キッチンや洗面所のシンク下収納にもおすすめ。

! 使い捨てフィルターは汚れたままにしておくと換気量が落ちるので、こまめに交換して。

おわりに

　数ある家事本の中からこの本を手にとっていただき、ありがとうございました。

　この本を作るにあたって心がけてきたのは、"通して読まなくてもいい本" にすることでした。

　最初にすべて読んで、家事の知識を頭に入れていただく必要はありません。家事の困りごとに直面したときに手にとれば役に立つ、そんな本にしたいと思いました。

　私自身も経験があるのですが、暮らしの中で困りごとが生じたときに、インターネットで調べた通りの方法でやってみたらうまくいかず、むしろ状況が悪化してしまうことがあります。

　そんな失敗をしなくてもすむように、いろいろな方法を実際に検証してみました。しっかり効果が上がって、手間はかからない解決法だけをこの本で紹介しています。注意点やリスクも細かく解説しました。

　育児や仕事が忙しくて、なかなか家事に手が回らない方こそ、活用してください。「この悩み、なんとかしたい」と思ったときに本を開けば、最適な答えが見つかります。

　私の SNS でも、引き続きみなさんの暮らしの困りごとと向き合い、より効率的な方法を追求していきますので、見に来ていただけたらうれしいです。

かおり

この本に掲載している洗剤

アタック ZERO（花王）

アビリティークリーン（友和）

油汚れ落としジェル 119（小坂井衛生社）

ウタマロクリーナー（東邦）

ウタマロ石けん（東邦）

エマール（花王）

オキシクリーン EX（グラフィコ）

落ち落ち V 網戸用おそうじシート（DAISO）

落ち落ち V クエン酸クリーナー（DAISO）

落ち落ち V クエン酸
シンク・洗面台おそうじシート（DAISO）

落ち落ち V 畳用おそうじシート（DAISO）

おふろのルック みがき洗い（LION）

外壁汚れ用洗剤（カインズ）

過炭酸ソーダ（DAISO）

カビキラー（SC ジョンソン）

キッチン泡ハイター ハンディスプレー（花王）

クイックル ホームリセット
泡クリーナー（花王）

クエン酸（落ち落ち V、170g）（DAISO）

クリームクレンザージフ
（ユニリーバ・ジャパン）

ゴムパッキン用 カビキラー（SC ジョンソン）

サンポール（大日本除虫菊）

重曹（落ち落ち V、360g）（DAISO）

ジョイ W 除菌 All in One
食器＋キッチン泡スプレー微香タイプ（P&G）

除菌ジョイコンパクト（P&G）

除菌洗浄トイレハイター（花王）

スキンクリア クレンズ オイル（アテニア）

スクラビングバブル ジャバーつ穴用
（SC ジョンソン）

セスキ炭酸ソーダ（落ち落ち V、230g）（DAISO）

手ピカ®ジェル（健栄製薬）

トイレタンクの洗浄剤（木村石鹸）

トップ NANOX シミ用（LION）

ドラム式洗濯機用洗濯槽クリーナー
（パナソニック）

ニベアクリーム（花王）

ハイター（花王）

ハイドロハイター（花王）

パイプユニッシュプロ（SC ジョンソン）

ハイホーム（日本珪華化学工業）

パストリーゼ 77（ドーバー）

バスマジックリン 泡立ちスプレー 除菌・抗菌
アルコール成分プラス（花王）

ピーピースルー F（顆粒状）（和協産業）

水の【激落ちくん】（レック）

ワイドハイター EX パワー（花王）

ワイドハイター PRO（花王）

この本に掲載しているそうじ道具

快適百貨玄関タイルブラシ（アズマ工業）

クイックルハンディ（花王）

クイックルハンディ 伸び縮みタイプ（花王）

クイックルワイパー（花王）

ジェルクリーナー（DAISO）

隙間掃除シリーズ ヘラ（無印良品）

掃除用品システム カーペットクリーナー
（無印良品）

ダニ捕りロボ（日革研究所）

平ハケ 30 ㎜巾 ナイロン 100%（DAISO）

ミチガエル トイレクリーナー（エリエール）

ユニットバスボンくん抗菌 N-AL
（山﨑産業）

※商品は品切れの可能性があります。

かおり

仕事と家事・育児の両立に苦しんだことから、家事の効率化をはかり、生活にゆとりを生み出すことに成功。その経験から、家事がラクになる方法をインスタグラムで伝えるようになる。元理科教員の経歴を生かし、汚れを最も効率的に落とす洗剤を実験で検証するなど、信頼性の高い情報が評判を呼び、インスタグラムのフォロワーは約37万人（2023年2月現在）。整理収納アドバイザー1級、クリンネスト1級。
@kaori.y.t

かける手間が半分に
困りごと解決！
家事ワザ262

2023年3月25日　初版発行
2023年4月25日　4版発行

著　者　かおり

発行者　山下 直久

発行　株式会社KADOKAWA
〒102-8177　東京都千代田区富士見2-13-3
電話　0570-002-301（ナビダイヤル）

印刷所　凸版印刷株式会社

●お問い合わせ
https://www.kadokawa.co.jp/（「お問い合わせ」へお進みください）
※内容によってはお答えできない場合があります。
※サポートは日本国内のみとさせていただきます。
※Japanese text only

定価はカバーに表示してあります。